梳理与认识出版业文化遗产
探讨出版业文化遗产保护评判指标体系
分析出版文化遗产理论价值与实践意义

中国出版业
文化遗产保护问题研究

彭俊玲　等◎著

图书在版编目（CIP）数据

中国出版业文化遗产保护问题研究/彭俊玲等著. —— 北京：知识产权出版社，2018.2
ISBN 978-7-5130-5426-3

Ⅰ.①中… Ⅱ.①彭… Ⅲ.①出版业–文化遗产–保护–研究–中国 Ⅳ.①G239.29

中国版本图书馆CIP数据核字（2018）第033040号

内容提要

本书围绕中国出版业文化遗产保护对策研究的中心任务，分13个专题分别从基础理论与实践层面探讨了出版业文化遗产保护的基本概念、基本原理、发展现状、进展态势和未来方向。本书从文化遗产保护与出版史、出版学、博物馆学、图书文献学、信息资源管理学等学科角度进行综合思考与交叉研究，涵盖的研究视角较为宽泛与丰富，为中国出版业文化遗产保护领域的理论与实践提供具有较高参考价值的学术成果。

责任编辑：李　婧　　　　　　　　　　　责任出版：孙婷婷

中国出版业文化遗产保护问题研究
ZHONGGUO CHUBANYE WENHUA YICHAN BAOHU WENTI YANJIU
彭俊玲　等著

出版发行：知识产权出版社有限责任公司	网　址：http://www.ipph.cn
电　话：010-82004826	http://www.laichushu.com
社　址：北京市海淀区气象路50号院	邮　编：100081
责编电话：010-82000860转8594	责编邮箱：lijing@cnipr.com
发行电话：010-82000860转8101/8029	发行传真：010-82000893/82003279
印　刷：北京中献拓方科技发展有限公司	经　销：各大网上书店、新华书店及相关专业书店
开　本：720mm×960mm　1/16	印　张：12.5
版　次：2018年2月第1版	印　次：2018年2月第1次印刷
字　数：200千字	定　价：54.00元

ISBN 978-7-5130-5426-3

前　言

　　中国出版业源远流长，古今出版文献浩如烟海，这是出版业给中华民族留下的精神思想宝库。中国古代出版业发展的历史过程中，造纸和印刷术两大发明对世界文明大发展贡献卓著，加上不断积累形成的独特的版本文化散发出的魅力，使西方国家著名博物馆对中国的文献珍品非常重视，将多到数以千计的敦煌写卷，少至片言只语的雕版印刷出版物，都视为瑰宝。在中国近现代史上，出版业迅速发展，成了国民经济的重要门类，出版业传承文明、传播思想的功能被推到高峰。可以说，当时出版业是时代政治的感应器，出版界成为思想文化革命的先锋和思想的直接策源地，这个时代的思想家、革命家无一不和出版业发生联系。中国近现代的出版业包括出版成果，出版的组织方式、生产方式、经营模式、社会关系等，在很大程度上反映了这个时代的历史面貌。当代中国的出版业更是与社会的政治、经济、生活密切相关，出版业经历了从出版事业到出版事业与出版产业并存的形态，出版业经营生产经历着从传统的出版模式到网络化数字化时代多媒体出版的转型，甚至有人直呼"纸质书进博物馆"。传统出版正像蝴蝶一样蜕变，从二维书写的呈现，进入全新的多媒体空间。有评论认为，这是出版业继造纸术、活字印刷术之后的第三次"迁居"。随着文化创意产业逐步发展成为国家战略性支柱行业，出版业的产业地位、文化实力也随之攀升。

　　中国浩瀚灿烂的出版历史形成了不可忽视的出版文化财富,在人类文明发展历史长河中是一份丰富的文化遗产。但中国至今没有一个积累和展示出版业文化遗产的博物馆,虽然1996年建成了中国印刷博物馆,但出版业是由编辑、印刷、发行三个行业组成的文化产业链,印刷博物馆只能反映出版业的部分文化遗产。多年以来,一些学者默默地辛勤耕耘于印刷史、出版史的研究,也积累了比较丰厚的出版印刷史料和史论成果,但是从文化遗产保护角度来梳理和认识中国出版业的发展历程,探讨如何积累、管理、保护和开发中国出版业文化遗产资源的学术研究,还少有人关注。原国家新闻出版总署将出版博物馆建设纳入总署"十二五"规划建设之中,"十三五"期间正在大力筹建。这是中国出版文化建设史上的一件大事,也是中国文化软实力建设的一大指标。中国出版博物馆的建设和发展需要有扎实的遗产保护基础理论研究作为指导和依据,现实的行业实践也需要长远的思考和规划,所以,开展本领域的研究具有理论和实践探索价值。

　　本书主体内容来自国家社科基金项目"中国出版业文化遗产保护对策研究"(立项号13BXW020,结项号20171041)的课题研究成果。课题研究内容主要是从文化遗产学角度梳理和认识中国出版业的文化遗产,探寻出版业的文化基因和传承,从遗产保护的专业视角研究出版业中包括作者资源、编辑人与编辑活动、印刷业、出版物、书店、阅读生态、图书馆等诸多环节领域的文化遗产甄别、积累、保护、开发利用等问题,构筑出版业文化遗产保护的理论框架体系,厘清出版文化遗产、出版文化遗产保护、出版文化遗产保护体系等基本概念的内涵和外延,探讨出版业文化遗产保护的博物馆式管理的相关专业理论问题,力所能及地开展了出版业文化遗产资源调研和相关数据的收集,深入辨析中国印刷博物馆、中国版本图书馆与中国出版博物馆的关系,率先从理论上探讨了筹建中的中国出版博物馆的构成机理与定位、功能和发展目标。

　　按照原计划设计思路,课题组围绕下列专题分别进行了研究:

　　(1)出版业的文化基因与文化精髓探析。

（2）出版业文化遗产概念的内涵、外延及遗产体系。

（3）出版业文化遗产的价值判断。

（4）出版业的文物、非物质文化遗产梳理和价值评判。

（5）出版业文化遗产保护专题领域里的理论与实践（出版业相关领域的遗产保护概述、不同时期的出版文化遗产保护、珍稀文献保护、古旧书店、国外的保护经验与进展、国际交流与合作现状）。

（6）出版业文化遗产保护体系的构建（出版业遗产资源主要网点的分布与调研、中国版本图书馆、中国印刷博物馆、中国出版博物馆三者之间内在的协调统筹与功能互动、出版博物馆的机理与运行管理研究）。

（7）出版业文化遗产保护中的技术问题、版本的文化遗产价值与版权信息。

（8）出版业文化遗产保护与传承中的大众传播与社会教育。

作为国内填补空白的探索式研究，致力于厘清基本概念、指标、体系等理论阐述与关注相关的实践问题并分别提出对策，是关于中国出版业文化遗产保护对策研究的主要任务。在理论探讨上，按照国内外关于文化遗产的界定，我们将出版业文化遗产分成出版业物质文化遗产和非物质文化遗产。出版业物质文化遗产（有形文化遗产）包括出版业可移动文化遗产和出版业非可移动文化遗产。出版业可移动文化遗产包括在科学、历史、艺术方面具有普遍的突出价值并能反映中国出版史实的各种珍稀出版物、各种有代表性载体的出版物及其衍生相关物品、手稿、档案资料、印刷出版设备等物品；出版业非可移动文化遗产包括具有文物价值的反映出版业编、印、发各方面史实的建筑遗址、场所空间等，这是出版文化领域里物质文化层面的文化遗产。出版业非物质文化遗产（无形文化遗产）包括反映中国出版业编、印、发各领域历史文化的传统文化精神（包括印刷出版史上的口头传说、历史名人记忆）、品牌形象、技术技艺等（如中国的雕版印刷技术被联合国教科文组织列入人类非物质文化遗产），这是出版业精神文化与制度文化层面的文化遗产。

关于出版业文化遗产概念的内涵表述和出版业文化遗产门类的体系构

建,是本课题的创新性观点及深入研究所持的基本出发点,相关主题的论述均采用此基本概念与定义。

关于出版业文化遗产保护体系,我们认为由目标层、准则层和措施层三级构成。首先要有目标层,即保护系统的价值追求和目标取向。其次是准则层,主要是由管理层面和技术层面构成,管理层面是一个国家政府从各级组织层面和各个保障办法层面对文化遗产保护工作的综合治理;技术层面就是通过利用和改进各种技术手段对文化遗产的保护。从保障措施层上细分,管理层面包含组织、科研、专业教育、专业法、相关法、保护政策、社会意识、投入、保护信息等部分;技术层面包含预防、治理、修复等方法。

基本概念体系建立后,课题组围绕对策研究目标,分别选取若干专题,围绕出版业文化遗产保护与利用的问题而进行了不同侧面不同角度的探讨。这些专题分别称为本书的各个章节。

本书的建树主要体现在:首次在业界和学界提出关于出版业文化遗产保护的命题;首次建立关于出版业文化遗产及保护的理论基础与理论框架体系;首次探讨关于出版业可移动文化遗产的评判指标体系;首次探讨出版博物馆建设的理论与实践问题;首次从文化遗产保护与传承角度研究古旧书业与古旧书店;首次探讨出版印刷业非遗的保护框架体系;首次从出版文化遗产视角探析版本的版权信息价值;首次探讨中国现当代出版业文化遗产保护。

由于本书是国内首次开创性地开展理论与实践并重的综合性交叉研究,由于时间、精力、资源等诸多客观条件限制以及个人学养能力不足的主观因素限制,对相关问题的研究深度上有所欠缺,对国外的相关资料和实际状况了解不够,相关的国际交流与合作有待于进一步展开。这些不足和欠缺有待于作者在后续研究中予以改进和弥补。

彭俊玲负责全书的框架体系设计及本书总论、第一章、第二章、第三章部分内容、第四章部分内容、第八章部分内容、第九章部分内容、第十章部分内容、第十一章部分内容的撰写,并对全书进行统稿修订。赵春英承担第三章、第四章部分内容及第十三章部分内容的撰写。沈世婧承担第五章撰写。李秀娜承担第六章撰写。曾辉承担第七章撰写。李德升承担第八章部分内容撰写。杨雯承担第九章部分内容撰写。尚莹莹承担第十章部分内容撰写。张雄刚承担第十一章部分内容撰写。谷子成承担第十二章撰写。王娟熔为第十章撰写了部分资料。罗马梵蒂冈图书馆东方文献部的余东主任撰写了关于意大利和梵蒂冈图书文献遗产保护的内容。

还要特别感谢武汉大学信息管理学院副院长周耀林教授为本书提供指导咨询,感谢故宫博物院故宫研究所章宏伟所长和中国印刷研究所张树栋先生、北京印刷学院新闻出版学院副教授范继忠博士为本书提供指导帮助。感谢国家图书馆林世田研究馆员的指导和帮助。

彭俊玲

2017 年 9 月

C目 录
ontents

第一章　出版文化与出版文化遗产的

基本概念

　　中国出版文化研究兴起于 20 世纪 80 年代，是"文化热"在出版界的反响。文化研究"为我们提供了比传统研究更为广阔的学术视野和新的研究模式。文化研究更加注重人文社会科学的文化场，打破各学科自我封闭状态，尽管它不可能取代各种人文社会科学的研究，但是在文化研究的刺激下可以使这些学科表现出新的创造力"●。出版文化研究一直是业界持续关注的一个领域。笔者曾经于 2014 年 3 月 7 日以"出版文化"为主题词检索中国知网（CNKI）期刊数据库，共检出 633 篇文章，源期刊（CSSCI）中刊登出版文化主题论文最多的为核心期刊《出版科学》的 59 篇，其次为核心期刊《出版发行研究》的 53 篇。从人类历史长河考察，作为一种文化形态的出版业必然积累形成了自身的文化遗产，出版文化遗产保护问题已得到政府和学界的关注，如今上海和北京分别在筹建中国近现代新闻出版博物馆和中国出版博物馆。出版文化遗产保护的实践活动目前还缺乏相应的基础理论框架，本章尝试系统地进行理论思考，综合性地探析出版文化、出版文化遗产及出版文化遗产保护体系的内涵和外延。

---

❶ 蒋晓丽，石磊.传媒与文化：文化视角下的传媒研究[M].北京：华夏出版社，2008：2.

第一节　出版文化的内涵与外延

一、何谓出版

"出版"一词是从日语里借用过来的,中国人最早使用"出版"一词的是1897年黄遵宪与日本友人的笔谈。直到民国三年(1914年)袁世凯制定公布《出版法》时,"出版"一词在中国还没有普遍使用,"出版"一词总是与"刊行""刊印"甚至"出贩"等词相联系。现代词汇中的出版(publish),意指把书刊、图画等编印出来后并使之流通,向公众发行。出版的三个环节是编辑、印制和发行。

出版的产生和发展,本身就是一种文化现象,是人类社会发展到一定阶段所创造的文明成果。出版是传承文化的重要手段,从产生之日起,其主要功能就是记载、传播和积累人类在生产活动和社会活动中所产生的各种思想、知识和信息,文化特点很鲜明。

出版对于社会的推动作用,归根结底在于出版物积累了人类的科学技术知识和先进的思想,并且加以扩大传播。人们一经掌握科学技术知识和进步思想,就能使生产力得到提高,推动社会向前发展。有文字之前,人们继承前人的知识与经验,主要靠口头、实物和简单的符号进行传授,其传播的范围狭小,速度缓慢,而且随着时间的变化,传授的内容越来越不准确。有了文字特别是有了出版物以后,知识和经验就可以扩大以及迅速地传播。社会的经济、政治和文化的发展是出版发展的基础,而出版物的传播又影响社会的经济、政治和文化,影响人们的思想意识。

出版分为传统出版和数字出版。传统出版是指以传统印刷技术为基础的纸张出版。传统出版经历了雕版印刷时代的刻板与印刷,现代印刷的"铅与火""光与电",进入"0"和"1"的数字出版时代。数字出版是人类文化的数字化传承,它是建立在计算机技术、通信技术、网络技术、流媒体技术、存储技术、显示技术等高新技术基础上,融合并超越了传统出版内容而发展起来的新兴出版产业。数字化出版是在出版的整个过程中,将所有的信息都以统一的二进制代码的数字化形式存储于光盘、磁盘等介质中,信息的处理与接收则借助计算机或终端设备进行。它强调内容的数字化、生产模式和运作流程的数字化、传播载体的数字化和阅读消费、学习形态的数字化。数字出版在中国虽然起步较晚,但是发展很快,目前已经形成了网络图书、网络期刊等新业态。

手机出版属于数字出版的范畴,为传统数字出版转向智能数字出版的一个重要标杆,也是传统数字出版以移动网络、智能移动设备的普及为基础,结合互联网技术、计算机技术、流媒体、云存储等先进的科学技术,整理、优化、加工原有版权内容的一种出版形式,为用户主要呈现的方式为手机 App(软件应用)。

把握了"出版"概念的内涵和外延,有利于把握出版文化与出版文化遗产概念的内涵和外延,为出版文化遗产保护的功能与边界的确定提供坚实的理论基础。

二、何谓出版文化

关于出版文化的内涵,有代表性的观点如下:

李白坚在《20世纪中国出版文化的两个视角》[1]一文中指出,所有被称为文化的东西,都是被人所创造的并被打上了人的精神烙印的东西。这样,我们就可以把一切现代的、古代的器物以及出土的文物统统归于文化的麾下;我们也可以把思想、意识、风俗、习惯放在文化学中进行研究;我们还应该把编辑、出版、印刷、发行的行为以及一切出版的古今中外的书籍,统称为出版文化。

周涤尘在《编辑道德责任的理性自觉与出版文化体系的建构》[2]中指出,文化是历史得以记载并永远承传、发展的纽带,是人类超越动物性的依

[1] 李白坚.20世纪中国出版文化的两个视角[J].出版广角,1998(6):15.
[2] 周涤尘.编辑道德责任的理性自觉与出版文化体系的建构[J].湖南师范大学社会科学学报,1997(6):20.

据和成果。出版文化是社会总体文化的一个分支系统,它是社会精神成果经过特定程序的语言、文字、音响、图像、造型等手段,用印刷、电子或其他复制技术制成图书、报刊、录音、录像、图片、缩微制品或机读件等形态,传播于世的社会认知体系和社会规范体系。

朱以青在《出版文化及其历史传承》[1]中指出,一般而言,出版是人类通过一定的物质载体,将精神内容制成各种出版物的重要活动,其目的是传播知识,传承文化,进行思想交流。出版文化则是在一定社会的政治、经济、文化基础上产生的观念以及出版活动的反映。

黄凯清、熊玉莲认为:出版文化是在一定的社会政治、经济、文化基础上产生的出版观念,以及在出版观念制约下的出版活动,由出版活动所产生的出版成果及其影响等三个方面的总和。[2]

张辉冠在《改善中国出版文化的生态环境》[3]中指出,出版文化是指体现在图书、刊物出版过程中的一切文化影响和文化表现。其中既有社会文化作用的因素,亦有作为劳动主体的出版工作者(编辑、装帧、校对、印刷、营销等)文化观念的影响。在特定的历史时期,这种作用和影响通常具有倾向性特征。从这个意义上讲,出版文化体现了社会发展的综合化趋势,要求人们必须重视出版与社会政治、经济、思想意识以及与科学、美学等文化观念等相互关系的研究。

杨小岩在《论文化出版和出版文化的发展》[4]中指出,出版文化既是历史发展的产物,又是社会实践的产物,文化与出版的历史结合,一方面大大加强了文化自身的建设,不仅使文化的本身保持了永恒的魅力,而且为文化的发展开拓了广阔的空间;另一方面也大大促进了出版业的繁荣,不仅给出版业的合理存在注入了深厚的底蕴,而且为出版业的持续发展提供了强大的动力,并最后形成了一个源远流长、根深叶茂的出版文化体系,成为

[1]朱以青.出版文化及其历史传承[M].济南:山东大学出版社,2005.

[2]黄凯清,熊玉莲.跨世纪出版业发展研究[M].武汉:武汉大学出版社,2000:287.

[3]张辉冠.改善中国出版文化的生态环境[J].编辑之友,2000(5):20.

[4]杨小岩.论文化出版和出版文化的发展[J].武汉大学学报(人文科学版),2002(2):239-245.

整个文化系统的重要组成部分。

向新阳在《试论出版文化》❶一文中指出，出版文化横亘上层建筑与经济基础两大社会范畴，跨越精神文化和物质文化两个文化领域，涉及精神生产和物质生产两种生产方式。出版文化既是人类文化发展的必然结果，又是人类文化的重要组成部分；既是传播和积累人类文化的重要媒介，又是发展人类文化的必要条件；既是人类先进文化的重要载体，又是国民经济的重要产业。

李健在《论转型期的出版文化》❷中指出，所谓出版文化是指在人类社会的出版活动中所生成并发挥重要作用的价值观念、活动目标、行为规范、传统风气及其载体的总和。出版文化是社会文化大体系中的一个子系统，它和家庭文化、学校文化、社区文化等都是一种社会亚文化形态。然而，它又是一种特殊的社会亚文化形态，是通过出版活动来生产和传播文化的一种文化形态。以出版价值观为统领的精神文化部分是出版文化的核心和灵魂，它决定着出版活动中生产和传播文化的方向、路径和实效，也是凝聚出版从业人员的思想纽带。以政策、法律、规章制度、岗位行为、品牌形象、内外环境等为代表的精神文化的载体则是出版文化不可或缺的组成部分，是精神文化产生实效的通道和支持。可见，出版文化是由其精神文化及其载体构成的一个复杂系统。

姚慧在《中国出版文化体系建构》❸一文中指出，出版文化是伴随着选择、复制、传播紧密联系在一起的出版过程而产生与发展的价值观念、行为方式及其载体的总和。同时，出版文化内部不同要素各自发展，并相互联系、相互作用、相互促进，构成完整的出版文化体系。出版文化的三个部分包括物质文化、制度文化、精神文化。

周斌在《从出版文化视角探寻伪书的根源及其遏制途径》❹一文中引证

❶向新阳.试论出版文化[J].出版科学,2004(2):28-31.

❷李健.论转型期的出版文化[J].出版发行研究,2005(8):17-20.

❸姚慧.中国出版文化体系建构[D].北京:北京印刷学院,2006.

❹周斌.从出版文化视角探寻伪书的根源及其遏制途径[J].北京印刷学院学报,2006(3):23.

指出,研究者们用"制度—心理—物质"三层文化观来观照出版文化,并进一步将出版文化分解为相互依存、相互制约的若干层面,包括"出版主体的出版观念""体现出版观念的政策法规和道德规范""指导出版实践的组织机构""出版信息处理技术和出版手段""出版成果及影响"等。

杨军在《出版文化研究:理论、现状与范式》❶中指出,出版与文化密切相关:出版既承担着传承民族优秀文化的重任,又是文化产业(事业)的重要组成部分。在漫长的出版活动中形成的出版文化,是出版人按照一定社会意识形态确立的出版观念,以及与出版观念相适应的出版制度、出版机构、出版设施、出版物及其影响等的总和。出版文化既是一种历史遗留,也是一种现实创造;过去人们创造了出版文化,今天人们仍在发展着出版文化。出版文化是一种集历史与现实、宏观与微观、静态与动态、观念与制度在内的整体性文化。

肖东发、杨琳在《一门年轻学科的坚实足迹——近20年我国出版文化研究综述》❷中指出,出版文化兼具精神和物质属性,是在一定的社会环境中产生的出版理念以及在出版理念指导下所形成的出版群体、出版实践、出版成果及社会影响的总和。

综上所述,国内关于出版文化内涵和外延的观点阐述是很充分的,概括起来,笔者认为可以将出版文化分为三个部分:物质文化、制度文化、精神文化。出版文化的内涵是伴随着选择、复制、传播紧密联系在一起的出版过程而产生与发展的价值观念、行为方式及其载体的总和。同时,出版文化内部不同要素各自发展,并相互联系、相互作用、相互促进,构成完整的出版文化体系。

---

❶杨军.出版文化研究:理论、现状与范式[J].出版科学,2009(4):44.

❷肖东发,杨琳.一门年轻学科的坚实足迹——近20年我国出版文化研究综述[J].编辑学刊,2009(6):20.

第二节　出版文化的体系构成

　　出版文化是社会大文化的一个重要分支,从出版文化的体系构成来看,以出版业运营管理部门的层级为划分标准,出版文化可以分为宏观、中观和微观三个层面,在各层面内又包含了物质的、精神的、制度的三个领域的出版文化。这个体系涵盖了出版文化的整体范畴。

　　从宏观层面上看,若把出版业本身作为文化现象加以考察,出版文化即一种行业文化,包括行业组织、行业管理、行业规范等三大部分。

　　从中观层面上看,出版文化主要是出版社(出版机构)的文化。由物质文化(包括标识文化和产品文化)、行为文化(对内行为文化与对外行为文化)、制度文化(领导体制、组织机构、管理制度)、精神文化(战略目标、出版理念、企业精神)等四部分组成。

　　从微观层面上看,出版文化表现为出版人文化和出版物文化。出版人文化包括出版实践(编辑工作、复制工作、发行工作)、人员素质(政治素质、业务素质、能力素质、文化素质、道德素质、心理素质)、出版理念(精神追求、事业目标)等,出版物文化包括载体文化(简牍文化、缣帛文化、纸张文化、新型载体文化)、装帧文化(简装、卷轴装、经折装、旋风装、蝴蝶装、包背装、线装、简装、精装、新型载体包装)、技术文化(排版技术、复制技术、新型传播技术)。

　　2006年姚慧以《中国出版文化体系建构》为主题的毕业论文中,对出版文化体系的建构进行了深入的探讨,并首次建立了中国出版文化体系模型图(如图1-1所示)。在此模型中,姚慧将出版文化分为宏观的出版行业文化、中观的出版机构文化、微观层面上的出版人文化和出版物文化。其中出版行业文化包括行业组织、行业管理和行业规范。出版机构文化包括物质文化、行为文化、制度文化以及精神文化。出版人文化包括出版实践、人员素质还有出版理念;出版物文化包括载体文化、装帧文化与技术文化。

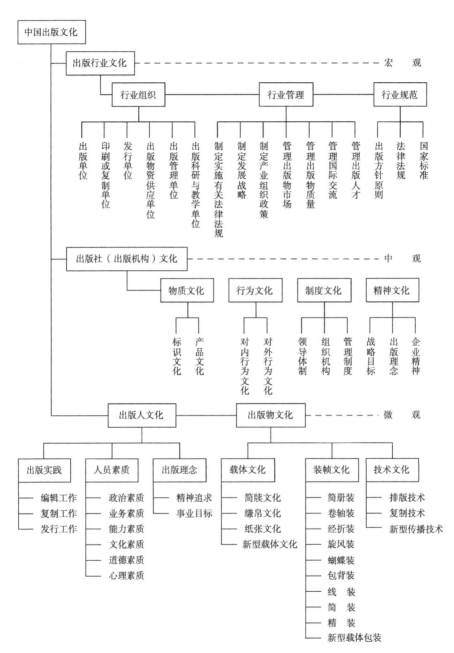

图1-1　中国出版文化体系架构图

笔者认为,上述框图基本涵盖了出版文化体系的构成内容。本课题关于出版文化内涵与外延的探讨与此体系是一致的。

第三节 出版文化遗产及其保护:
出版文化研究的新兴领域

"文化"是人类社会实践的总和,文化遗产是具有突出的普遍价值的文化遗存。文化遗产在概念上分为有形文化遗产(物质文化遗产)和无形文化遗产(非物质文化遗产)。物质文化遗产是具有历史、艺术和科学价值的文物,包括古遗址、古墓葬、古建筑、石窟寺、石刻、壁画、近代现代重要史迹及代表性建筑等不可移动文物,历史上各时代的重要实物、艺术品、文献、手稿、图书资料等可移动文物,以及在建筑式样、分布均匀或与环境景色结合方面具有突出价值的历史文化名城(街区、村镇)。非物质文化遗产是指各种以非物质形态存在的与群众生活密切相关、世代相承的传统文化表现形式,包括口头传统、传统表演艺术、民俗活动和礼仪与节庆、有关自然界和宇宙的民间传统知识和实践、传统手工艺技能等,以及与上述传统文化表现形式相关的文化空间❶。

"文化"的"遗产"热是近几年来国内外的普遍现象,反映了现在文化"复归"的世界性的运动,这是在经历现代化的"陷阱"以后,人们开始感到需要有所纠正,否则极可能走入"坟墓"。人类文化的创造之物有三种类型:为现世实用、为后辈承继和为自我延伸,与此相关,文化遗产则包含个体生命的生死演变,又关涉人类文化的纵向延伸。保护遗产的功用之一,便是理解传统、尊重先辈,同时关系人类的未来。

---

❶于海广,王巨山.中国文化遗产保护概论[M].济南:山东大学出版社,2008.

第四节　出版业文化遗产的内涵与外延

　　出版业文化遗产是出版业文化的珍贵遗存。从人类历史长河考察,作为一种文化形态的出版业必然积累形成了自身的文化遗产。从文化遗产学角度梳理和认识中国出版业的文化遗产,探寻出版业的文化基因和传承,从遗产保护的专业视角研究出版业中包括行业管理、作者队伍、编辑活动、印刷出版技术、出版物、书店网点、阅读生态等诸多环节领域的文化遗产甄别、积累、保护、开发等问题,是保护中国出版业文化遗产需要开展的主要工作。2012 年 10 月,国务院正式启动第一次全国可移动文物普查工作❶,国家新闻出版广电总局的新闻出版相关部门牵头开展了本行业的文物普查,全国出版业的文物普查有望看到初步成果。文物普查是文化遗产保护的基础,而为了做好出版业文化遗产保护,笔者认为有必要从理论层面探讨出版业文化遗产的内涵与外延。

　　按照国内外关于文化遗产的界定,我们可以将出版业文化遗产分成出版业物质文化遗产和出版业非物质文化遗产。出版业物质文化遗产(有形文化遗产)包括出版业可移动文化遗产和出版业非可移动文化遗产。出版业可移动文化遗产包括在科学、历史、艺术方面具有普遍的突出价值的,并能反映中国出版史实的各种珍稀出版物,各种有代表性载体的出版品及其衍生相关物品、手稿、档案资料、印刷出版设备等物品;出版业非可移动文化遗产包括具有文物价值的反映出版业编、印、发各方面史实的建筑遗址、场所空间等,这是出版文化领域里物质文化层面的文化遗产。出版业非物质文化遗产(无形文化遗产)包括反映中国出版业编、印、发各领域历史文化的出版业传统文化精神(包括印刷出版史上的口头传说、历史名人记忆)、品牌形象、技术技艺等(如中国的雕版印刷技术被联合国教科文组织列入人类非物质文化遗产),这是出版业精神文化与制度文化层面的文化

---

❶国家文物局第一次全国可移动文物普查工作办公室.第一次全国可移动文物普查工作手册[M].北京:文物出版社,2013.

遗产。综上所述,出版文化遗产的组成架构如图1-2所示。

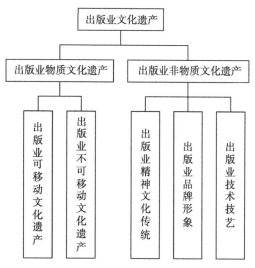

图1-2　出版文化遗产体系的构成

　　关于出版业文化遗产概念的内涵表述和出版业文化遗产门类的体系构建,是本课题的创新性观点及深入研究所持的基本出发点,相关主题的论述均采用此基本概念定义。

　　总之,出版业文化的珍贵遗存形成出版文化业遗产,出版业文化遗产价值体系的构成范围依托于出版文化体系的各组成部分。开展中国出版业文化遗产保护,就是保护中国珍贵的出版业物质文化遗产和非物质文化遗产,推动中国现、当代出版业文化的建设与发展。

第二章　出版业文化遗产保护体系的建构

文化遗产的保护体系,可以从多个不同的角度来认识,也可以用不同类别的指标体系来加以建构,例如技术方法体系、保护主体体系、价值保护体系等。研究出版业文化遗产保护体系及其构成,是推动中国出版业文化遗产保护的理论研究与实践发展的基础。

第一节　文化遗产保护体系

一、"保护"的含义

在概念术语上,业界通用的保护(conservation)之义是保管兼顾关注使用的"保护",不同于过去偏重保存的保护(preservation),是维护文化遗产的所有相关环节和行为,其目的是通过尽可能少的干预,研究、记录、保持和修复具有文化意义的文化遗产,以便为未来提供利用。保护的目的是保管并阐述存在之物以维持其文化意义,根据情势,它包括维护(maintenance)、保护(protection)、保存(preservation)、修复(restoration)、重建(reconstruction)与适应(Adaptation),且通常是两者或两者以上的结合。

《图书馆、媒体与档案保存术语词典》将"保护"定义为:对图书或档案材料、工艺品、博物馆藏品的处理,以保持其化学的稳定性,或增强其物理性能,尽可能维持原件的长久性。❶台北"故宫博物院"张世贤认为,保护(保存)是"运用一切可能的方法,让古往今来的人类文化资产保持现状,延长存世的年限"。❷

文物的价值(包括历史、文化、艺术、科学、技术或社会价值)决定了保护的必然性。在历史进程中,遗产在确定民族身份、联系历史和未来、储存社会记忆等方面发挥着越来越重要的作用,这决定了保护的价值。文化遗产的价值作为一种客观存在,是抽象和具体的有机结合,是整体(如国家古籍体系、国家档案全宗)与个体(如一本古籍、一份档案)的组合。

二、文化遗产保护体系

以文化遗产价值的保护层次划分,中国历史文化遗产保护体系在物质文化遗产保护方面,目前已经形成了包括文物、历史文化名城、历史文化保护区三个层次的比较完整的价值保护体系。首先是对文物的保护。保护对象包括可移动文物和非可移动文物。可移动文物有两类:珍贵文物和一般文物,其中珍贵文物被分成一、二、三级分别加以保护。对非可移动文物的保护主要采取指定或选定全国重点文物保护单位,指定省级文物保护单位,指定市、县级文物保护单位的办法。历史文化名城均为指定产生,由国家级历史文化名城和省级历史文化名城构成。

在法律保护方面,中国逐步形成了较为完备的文物保护法律制度。基本形成了以《文物保护法》为核心,以行政法规、部门规章、规范性文件为支撑的文物保护法律法规体系。2011年,中国又颁布了《中华人民共和国非物质文化遗产保护法》,从而完整地构建了中国物质文化遗产和非物质文化遗产保护的法律体系。

在保护主体方面,中国博物馆数量大幅增加,展示内容日益丰富,公共文化服务水平不断提高。截至2012年年底,中国各类博物馆数量已达3589

❶John N Depew,C Lee Jones.A library,media and archival preservation glossary[M].Oxford:ABC-CLIO Inc.,1992:49

❷周耀林.可移动文化遗产保护策略[M].北京:北京图书馆出版社,2006:35.

座,科技、艺术、自然、民族、民俗等专题性博物馆和生态、社区、数字等新形态博物馆竞相涌现,基本形成了门类较为完备、办馆主体更加多元,国有博物馆为主体、民办博物馆为补充的博物馆体系。全国博物馆每年举办陈列展览近万个。

在国际保护方面,文物对外交流与合作不断深化,为推动中华文化走向世界发挥出重要作用。中国先后与美国、澳大利亚等15个国家签署了关于防止盗窃、盗掘和非法进出境文化遗产的双边协定,成功追回流失境外中国文物3000余件。文物出、入境展览大幅增加。成功举办第28届世界遗产大会、国际博物馆协会第22届大会等重要国际会议,形成了一系列重要国际文件。文物的对外交流与合作,为传播中华文化、提升中华文化国际影响力发挥了独特作用。

三、国家层面的文化遗产保护

国家层面的文化遗产保护工作包括如下几方面。

重大项目带动。重大项目、重点工程是文物保护、成果惠民、文化传承的重要载体,是带动文化遗产事业发展、发挥文化遗产价值的重要举措。文化遗产工作要紧紧围绕"基本形成较为完善的文化遗产保护体系,具有历史、文化和科学价值的文化遗产得到全面有效保护,保护文化遗产深入人心,成为全社会的自觉行动"的总体目标,在考古发掘、文物保护、博物馆建设、公共文化服务、科学技术应用、文物安全防范等重点领域,实施一批具有示范效应和引领作用的重大文化遗产项目。如国有可移动文物普查,大运河、丝绸之路、茶马古道沿线文化遗产保护,工业遗产、古村落古民居抢救性保护工程等,以项目促保护、促利用,全面提高文化遗产保护利用水平。

科技支撑。现代科学技术进步已成为推动文化遗产保护最直接、最重要的力量。现代信息技术、数字技术、网络技术、新兴材料技术、遥感技术、生物技术等先进科学技术的应用,推进建立现代科技考古体系、现代文物保护修复体系、现代博物馆文化传播体系和现代文化遗产管理体系。

人才培养。人才资源是文化遗产事业发展的第一资源。中国政府和相关部门注重充分发挥高等院校、科研院所、科研基地、培训基地的优势,加强各种培训。例如,以提高依法行政、依法保护文化遗产能力为重点,面向基层,大规模加强县级文物行政部门负责人、文物行政执法人员、西部和少数民族地区文博干部培训;以提高文化遗产管理水平为重点,大力加强世界文化遗产保护管理机构负责人、大遗址保护管理机构负责人、博物馆管理人员培训;以提高文化遗产保护利用专业水平为重点,大力加强文博专业技术人员培训等,努力形成多层次、多渠道、覆盖全员的文博教育培养工作新格局。

第二节 出版业文化遗产保护体系

出版业文化遗产保护体系如何建构? 由于这是一个全新的问题,国内外业界之前还没有人论及。不过,对于出版业的文化遗产,中国分别存有不同的保护渠道。不全面的列举,如古籍善本图书一般由图书馆系统为主要渠道收藏;与出版相关的珍贵文献手稿等一般由博物馆、档案馆、图书馆、纪念馆和相关出版社收藏;印刷博物馆收藏着传统印刷工艺相关的文物与技艺;古旧书店和旧书市场保留着传统出版物流通发行的文化形态;古代印刷作坊、近现代的藏书楼印书坊还有革命年代的江西瑞金的中央出版旧址等地的留存保护属于中国出版业不可移动文化遗产的保护;我们还有相应的政府管理机构、教育机构、法律制度等规范着出版业文化遗产的保护工作;科技进步与创新推动着出版业文化遗产保护的方法与手段的改进。借鉴中国可移动文化遗产保护研究专家周耀林博士的专著《我国可移动文化遗产保护策略》❶中关于可移动文化遗产保护系统评价模型图,笔者认为,从功能层面上考察,中国出版业文化遗产保护体系的建构与此是相通的,从图2-1可以看出中国出版业文化遗产保护体系的功能架构。

---

❶周耀林.我国可移动文化遗产保护策略[M].北京:北京图书馆出版社,2006:133.

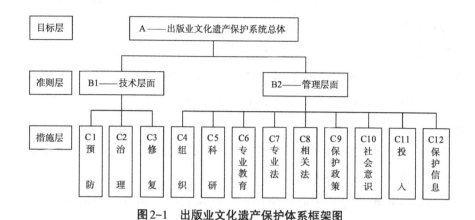

图2-1　出版业文化遗产保护体系框架图

　　出版业文化遗产保护体系,首先要有目标层,即保护系统的价值追求和目标取向。其次是准则层,主要是由管理层面和技术层面构成。所谓管理层就是国家从各级组织层面和各个保障办法层面对文化遗产保护工作进行综合治理;技术层面就是通过利用和改进各种技术手段对文化遗产进行保护。最后,保障措施层上细分,管理层面包含组织、科研、专业教育、专业法、相关法、保护政策、社会意识、投入、保护信息几部分;技术层面包含预防、治理、修复几种方法。

第三节　中国国家层面的古籍善本文献保护状况

　　作为可移动文物中的一个类别,古籍善本是中国政府非常重视的保护种类。2007年,国务院办公厅发布《关于进一步加强古籍保护工作的意见》(国办发〔2007〕6号),提出在"十一五"期间大力实施"中华古籍保护计划"。中华古籍保护计划的内容主要有五个方面:一是统一部署,从2007年开始,用3~5年时间,对全国公共图书馆、博物馆和教育、宗教、民族、文物等系统的古籍收藏和保护状况进行全面普查,建立中华古籍联合目录和古籍数字资源库;二是建立《国家珍贵古籍名录》,实现国家对古籍的分级管理和保护；三是命名"全国古籍重点保护单位"，完成一批古籍书库的标准化建设，改善古籍的存藏环境；四是培养一批具有较高水平的古籍保护专业人员，加强古籍修复工作和基础实验研究工作，逐步形成完善的古籍保护工作体系；五是进一步加强古籍的整理、出版和研究利用，特别是应用现代技术加强古籍数字化和缩微工作，建设中华古籍保护网。完成"十一五"国家古籍整理重点图书出版规划，争取开展中华再造善本二期工程，使中国古籍得到全面保护。从2007年开始，中国古籍善本保护工作就在国家统一规划和部署下有条不紊地开展起来。

中国古籍善本保护中心和全国部际联席协调机构设在国家图书馆，相关部门的工作职责包括综合计划管理、保护、修复等方面的内容。其主要职责包括：负责全国古籍普查登记；协助文化部开展《国家珍贵古籍名录》和全国古籍重点保护单位的申报、评审及《国家珍贵古籍名录图录》的编辑出版；古籍普查平台建设和维护；《中华古籍总目》分省卷的编纂出版管理协调；编撰出版《中华再造善本续编》；全国古籍普查人员培训；中华古籍特藏资源库设计和建设；古籍保护宣传，编发中华古籍保护简报；中华古籍保护网站的建设和维护；各种古籍保护工作交流平台的管理与维护；中华古籍保护计划档案收集、整理及档案数据库建设；会议组织工作；古籍保护修复人员培训；国家级古籍保护专家申报、评审相关工作；文献修复师考评鉴定组织工作等。负责《全国古籍重点保护单位管理办法》《国家级古籍修复中心管理办法》《入选〈国家珍贵古籍名录〉古籍管理办法》《古籍保护条例》等规章制度的研究、起草、上报与组织实施工作；全国古籍重点保护单位和国家级古籍修复中心管理工作；《中华医藏》、海外中华古籍调查与回归、新疆古籍保护、西藏古籍保护等专项工作；古籍保护与修复科研工作等。

2012年，为配合国家开展的全国可移动文物普查，国家古籍保护中心发布了《全国古籍普查登记工作方案》。方案中指出，全国古籍普查登记工作是全面了解全国古籍存藏情况，建立古籍总台账，开展全国古籍保护的基础性工作。全国古籍普查登记工作的中心任务是通过每部古籍的身份证——"古籍普查登记编号"和相关信息，建立国家古籍登记制度，加强各级政府对古籍的管理、保护和利用。全国古籍普查登记工作范围为中国境内各收藏机构或个人所藏,产生于1912年以前,具有文物价值、学术价值和艺术价值的文献典籍,包括汉文古籍和少数民族文字古籍,以及甲骨、简帛、敦煌遗书、碑帖拓本、古地图等文献。其中,部分文献的收录年限可适当延伸。

文化部公共文化司作为国家牵头管理部门,所主管并推进的古籍保护工作反映了中国国家层面的古籍保护基本状况。例如文化部公共文化司发布的《全国古籍保护工作"十三五"时期规划纲要》中提出了总体目标和重点任务,设计政策体系和工程项目,实现中华古籍保护工作在"十三五"期间再上一个新台阶。

2016年5月24日,文化部正式公布第五批《国家珍贵古籍名录》和"全国古籍重点保护单位"。899部《国家珍贵古籍名录》和14家"全国古籍重点保护单位"入选,这是全国珍贵古籍普查的新收获。由国家政府层面牵头进行的连续性的全国珍贵古籍普查与保护工作,保证了中国珍贵古籍文化遗产不断被发现与被保护。通过国家政府层面的引导与推动,中国古籍善本的保护与利用工作才能够有条不紊地得以全面实施并走向深入。

第四节　传统印刷工艺的非物质文化遗产保护框架体系

从文化源流和文化遗产保护原理上考察,对传统印刷工艺文化遗产的保护应该依照非物质文化遗产的保护框架系统策略。笔者结合对国内一些相关机构的实地调研和国内外非物质文化遗产保护的框架策略❶,对作为出版业非物质文化遗产的中国传统印刷术的保护提出以下几点思考❷。

一、关于中国印刷文化遗产的国际保护

一个国家的文化遗产保护是捍卫文化主权的一个方面。创造发明权与

❶周耀林.我国可移动文化遗产保护策略[M].北京:北京图书馆出版社,2006:135.

❷白庚胜.文化遗产保护诠说[M].银川:宁夏人民出版社,2010.

所有权是统一的。文化成果应当令人类共享,但它首先为它的创造发明者及拥有者优先享受。文化的优先享受权指的是文化的优先消费权利。这种消费既有有形文化的消费,也有无形文化的消费。前者是物质的,与文化的产业性密切相关。后者是精神的,与文化的审美性密切相关。这种享受权是普世的。文化主权的阐释权表现为话语权,即由文化的创造者、所有者、优先享受者对该文化作出最权威的说明。在相当长的一段时间里,日本人与韩国人打上"东洋文化""东亚文化"等招牌在世界上兜售中国文化、阐释中国文化。特别是韩国,曾经多次发起对中国古代雕版印刷和活字印刷术发明权的质疑和争夺,虽然最后他们没有继续坚持,但他们通过在国际学术界和文化外交界的努力,争取到了金属活字印刷术的发明权。

2009年,中国成功申报,雕版印刷术入选联合国非物质文化遗产代表作名录。2010年又将活字印刷术申报并入选联合国急需保护非物质文化遗产名录。这是中国在世界范围内对印刷文化遗产进行国际保护的成果。虽然近年来中国关于印刷文化遗产保护方面取得了较大成绩,但在国际学术界和世界文化圈中还要进一步加强宣传和保护力度,实施文化走出去战略,参加各种国际组织和活动,不断提高中国印刷文化遗产在世界范围内的影响力。韩国与日本在印刷文化遗产保护的国际化方面舍得投入,政府大力支持,民间积极活动,这些值得我们借鉴。

二、关于印刷文化遗产的国家保护

通过多年的积极努力,中国非物质文化遗产保护领域已经初步建立了有中国特色的保护工作机制,但很多方面还需要进一步完善和加强。中央和地方各级政府在不断加强对非物质文化遗产保护的同时,要对作为传统手工艺遗产的印刷技艺进行科学合理的保护,从政策、机制、经费、人才、科普等方面保证可持续传承与开发。

国家有关领导部门要继续从非物质文化遗产保护事业发展的全局出发,将名录体系建设、项目和传承人保护、文化生态保护区建设、传习所、非物质文化遗产博物馆建设等方面作为工作重点,进一步完善非物质文化遗产保护和传承机制,深入推进非物质文化遗产保护工作。

对于中国雕版印刷术和活字印刷术,中国政府已分别在联合国教科文组织通过国家申报的方式承担了非物质文化遗产保护的权利和责任。相关的各级方政府也相应地按照非物质文化遗产保护的框架对中国的印刷文化遗产进行了多种措施的保护工作,如认定印刷术传承人的工艺美术大师、授予教学培训展示资质基地、筹备建立雕版印刷文化产业园区等。这方面的典型代表是扬州广陵古籍刻印社。以扬州广陵古籍刻印社为代表的中国传统雕版印刷术不仅成功申报并列入联合国教科文组织的人类非物质文化遗产名录,该出版社还作为示范基地得到文化部及相关产学研机构的支持,发展前景更为广阔。

活字印刷遗存至今在浙江瑞安和福建宁化得到延续和发展,如浙江瑞安东源村的木活字印刷因近几年中国人的寻根问祖、修族谱热的兴起而为世人所关注,瑞安东源村自北宋年间毕昇发明的活字印刷术,传承古法,字模用的是木头,依靠一套口诀,口耳相传,延续至今。如今瑞安的全套木活字印刷技艺,和元朝农学家王祯《农书》中的记载几乎相同。

这些印刷文化遗产所在地的政府应该进一步加大对非物质文化遗产保护经费的投入力度,特别是地方财政的投入,同时鼓励个人、企业和社会组织对这些非物质文化遗产保护工作予以资助,多渠道吸纳社会资金,从而为非物质文化遗产保护工作提供有力的财政支持。

三、关于印刷文化遗产的民间保护

博物馆和图书馆乃至档案馆等文化公益部门要在保护印刷文化遗产方面继续发挥主体作用和创新功能,在非物质文化遗产保护和物质文化遗产保护两个方面分别制定科学的保护框架措施。

古往今来,珍贵的图书善本一般保存在藏书楼、图书馆里,如今图书馆是收藏印刷文献(其中包括珍贵的印版、印刷典籍等印刷遗产精华)的主力军。图书馆对保存人类印刷文明的文献典籍与其他多方面的印刷文化遗产责任重大。图书馆需要对古籍馆员进行古籍修复和保护方面的教育,把具备一定的保护知识和修复技法作为入职教育的重要内容,这样可以促进古籍工作的科学化,形成有意识、科学保护古籍的氛围。

社会上的相关博物馆要在展览手段上不断创新,将现代高新科技手段运用到展览中,提高展览水平及观赏水平,以吸引更多观众走进博物馆,喜爱博物馆,关注印刷文化遗产的保护。当今业界的关注热点之一是数字化技术与博物馆的运作和发展问题。印刷博物馆要积极探讨并引进高新科技来保护古代文化遗产。

一些相关的科研院所和企事业单位在保护珍稀的纸本印刷文献和印刷技艺及古籍修补技艺方面也要充分加以重视,要从保护人类文化遗产的高度来加以保护和传承。散布民间的雕版印刷术与活字印刷术如今往往作为印刷家谱的风尚,或仅仅作为旅游观光的一种传统手工艺,自生自灭地艰难存在着,如我们在实地调研中了解到,宁夏镇北堡影视城里的雕版和活字印刷展示点格外吸引游人的关注,但该传承人向笔者坦言他在职称和待遇方面诸多不尽如人意,希望地方政府给予足够的重视和支持。

四、关于印刷文化遗产的法律保护

根据联合国教科文组织发布的《保护非物质文化遗产公约》中各缔约国应采取适当的法律、技术、行政和财政措施的要求,加入公约的各国要加强立法,建立相关的法律保护机制。早在20世纪50年代,日本就颁布了《文化财保护法》;20世纪60年代,韩国颁布了《文化财保护法》;法国、突尼斯、巴西等国也在相关法律中对加强非物质文化遗产的保护作出了明确规定。但中国由于缺乏全国性的非物质文化遗产保护法律,一定程度上制约了非物质文化遗产保护工作的深入开展。非物质文化遗产的法律保护在2011年取得重大进展,中国继《文物保护法》《民间工艺保护条例》之后,《中华人民共和国非物质文化遗产法》已于2011年2月25日通过,自2011年6

月1日起施行。这为中国非物质文化遗产保护提供了坚强的法律盾牌。

在中国印刷文化遗产的保护工作中,相关管理部门和人员要认真学习领会《中华人民共和国非物质文化遗产法》的内容,对古代传统印刷技艺及实物和场所进行依法保护和开发利用。

五、对中国印刷文化遗产进行学术保护

进一步加强印刷文化遗产的理论研究,深入挖掘印刷文化遗产的学术源流和文化内涵,积极宣传印刷文化遗产的价值,围绕印刷文化遗产价值及其保护、传承等问题开展论坛、讲座等各种特色鲜明、丰富多彩的活动,引导公众对印刷文化遗产的认知和热爱,并自觉投身于保护文化遗产的行动。

学术界要加强研究和发掘,期待有新的实物发现以利于实证研究,同时要多与国外交流和宣传,充分显示印刷文明古国的学术研究能力和文化传承实力。一些科研院所和大专院校要对印刷文化遗产进行深入研究,加强中国古代印刷工艺史的学术挖掘,通过严谨细致的科学考察来澄清残存的模糊认识;同时加强对中国传统印刷工艺保护和传承的政策、理论和技术方面的研究。用权威的学术成果来保护中国印刷文化遗产的文化安全,保持文化魅力。

六、关于中国印刷文化遗产的教育保护

与物质文化遗产相比,非物质文化遗产最大的特点是依托于人而存在,以声音、形象和技艺等为表现手段,以口传心授为延续方式,是一种"活态文化"。非物质文化遗产必须由人去延续,由人来传承,人是非物质文化遗产能够绵延不绝的核心。长期以来,非物质文化遗产的传承人,没有受到应有的社会承认,属于被边缘化和被遗忘的群体。从事非物质文化遗产保护工作的管理人员和研究人员的队伍,人数很少,难以适应当前非物质文化遗产保护工作的需求。

我们要加强印刷文化遗产保护人才队伍建设。争取大学能够培养传统印刷术研究与传承队伍,以及传统印刷术衍生的古籍保护修复人才。提高古籍修复保护人才的培养层次。北京大学考古文博学院设立了文物保护修复专业,培养文物保护修复人才。古籍也是文物,而且是最脆弱的文物,古籍保护和修复在大学里应该有一席之地。

印刷博物馆要开展丰富多彩的活动宣传我们的印刷非物质文化遗产,培养全社会的印刷文化遗产保护意识和氛围,加强科普宣传教育,增强民族文化传统自信心和自豪感。各级教育机构要从全面素质教育中重视对中国传统手工艺文化遗产的宣传和知识普及,借鉴国外在保护本国、本民族文化遗产方面的经验和做法,将中国古代的四大发明和印刷术对人类文明的贡献向广大民众进行生动有效的宣传教育。

七、关于印刷文化遗产的产业保护

文化遗产的产业保护是指利用会展、传媒、影视、出版、游戏、动漫等传统的或现当代的产业辅助进行,起到了寓保护于生产、流通、消费的作用,使其不囿于学术的、社会的效益,而且突显其经济效益,使非遗获得来自自身的经济力量。人们确信,非遗完全可以依托市场与高科技实现产业保护与传承的目的,在使用当中保护,使保护成果得到利用。

印刷文化遗产的产业保护可以通过发展相关文化产业,如印刷、出版、传媒、会展等经营形式来提高印刷文化遗产的社会效益和经济效益,使印刷文化"遗产"变成"现产"(现在的财产)和"来产"(未来的财产)。

在扬州广陵古籍刻印社的实地调研中,我们就了解到该社正在联合政府和社会相关产业部门,积极凝聚各种资源,筹备建设扬州雕版印刷产业文化园区,集教学科研、旅游观光、保护传承、生产开发等多种产业功能链条为一体,扩大古籍刻印社的生产产量和品种,壮大古籍刻印社的生产实力,努力探索和践行对雕版印刷的生产性保护和传承。

第三章　出版业文化遗产的价值判定

出版活动自出现以来到现在,已历经数千年的发展,为人类留下了丰富多样的出版物及相关文化财富,但不是所有的文化财富都能称为出版文化遗产并加以保护。对出版文化遗产的价值判定应在遵循普遍通用的文化遗产价值判定原则基础上,再结合出版业特有的属性和规律进行评判。鉴于出版业文化遗产范围中的不可移动文化遗产与非物质文化遗产的类别比较简单、明了,前面章节中已有所论述,本章只探讨出版业可移动物质文化遗产的价值评定问题。

第一节　出版业文化遗产价值判定的基本要素

一、历史价值

地球上自有人类以来,所有的活动都是社会活动,任何历史遗迹和遗物都是一定历史时期人类社会活动的产物,无不打上时代的烙印,包含着当时社会的诸多内容。有历史价值的文化遗产充分反映出它在当时社会政治、经济中所占据的重要位置,文物的时代特点即历史性,能帮助人们恢复历史的本来面貌,这是文物历史价值的重要反映❶。它能从不同的侧面,

---

❶国家文物局第一次全国可移动文物普查工作办公室.第一次全国可移动文物普查工作手册[M].北京:文物出版社,2013.

反映当时的政治、经济、军事、科学技术、文化艺术、宗教信仰、风情习俗等，从而构成文物时代特点的主要内容。

二、艺术价值

文物的艺术价值内涵极其丰富，就其主要方面而言，有审美、欣赏、愉悦（消遣）、借鉴以及美术史料等价值，它们之间既相互渗透，又相互制约。

审美价值主要是从美学的深层次给人以艺术启迪和美的享受；欣赏价值主要是从观赏角度给人以精神作用，陶冶人的情操；愉悦价值主要是给人以娱乐、消遣；借鉴作用主要是从中吸取精华，在表现形式、手法技巧等方面学习、借鉴并加以创新；至于美术史料价值，主要是作为研究美术史的实物资料❶。比如古代与近现代书籍的版式与装帧形式的发展与变革，就体现其艺术价值；国内、外"最美的书"的评选就是侧重于书籍的艺术价值。

三、科学价值

科学价值主要包括知识、科学、技术等内涵。历史遗迹和遗物从不同角度和侧面反映了产生它的那个时代的科学技术和生产力水平，说明那个时代的社会经济、军事、文化状况。历史上各种遗迹、遗物的本身，都蕴藏着产生它的那个时代的科学技术信息。比如书籍载体在不同时期的演变形式与印刷包装的技术改进也体现了出版业文化遗产的科学价值。

第二节　出版业可移动文化遗产价值评定标准

一、印刷机械设备价值评定标准

印刷机最早起源于15世纪，是由德国人谷登堡（Gutenberg）在挤葡萄汁

---

❶参见国务院《关于加强文化遗产保护的通知》，2005年.

用的人力推动的螺杆挤压机具基础上改造而成的。第二次鸦片战争后,中国出现了引进的铅印机,中国的印刷技术也从原来的手工生产发展为机械生产,同时印刷机械设备也得到了发展。形成了完整的印前、印刷、印后加工的印刷机械设备系统。印前设备系统包括手动铸字机、电动铸字机、照相排字机、照相分色机、电子分色机等。印刷设备系统从使用的印版形式上包括凸版印刷机、平版印刷机、凹版印刷机、孔版印刷机;从印刷的色数上包括单色印刷和多色印刷机。印后加工设备更加丰富,包括折页机、装订机、冲切机、模切机等。另外,还有为印刷前进行打样的各种打样机。这些设备的创新发展都体现了印刷技术与出版文化的进步与发展,其自身也具备了一定的价值,因此,需要对其进行等级评定。

印刷机械设备等级评定分为珍贵价值印刷机械设备和一般价值印刷机械设备。珍贵价值印刷机械设备评定可依据 2003 年 5 月 13 日国家文物局颁发的"文物博发〔2003〕38 号"中"关于印发《近现代文物征集参考范围》和《近现代一级文物藏品定级标准(试行)》的通知",其中"近现代一级文物藏品定级标准(试行)"的第三条"一级文物必须是经过科学考证、确为原件、源流具有确凿依据且数量仅有或稀有的珍贵文物,并在某一领域中有重大发明、发现,具有开创性、代表性或里程碑意义"对其进行珍贵价值评定。比如中国印刷博物馆收藏的一台 1929 年英国制造、由商务印书馆引进使用的印刷机,这台印刷机于 1932 年淞沪会战中被毁,后由商务印书馆员工从废墟中抢救出来,并进行了修复,为了铭记日本侵略者的滔天罪行,在其上镶嵌"国难后修整"的牌记,是为激发后人,尤其是激发广大青少年要热爱祖国,奋发图强。这台印刷设备不仅是当时印刷水平的一个代表性实物,而且是极具爱国主义教育意义的一个代表性实物,因此,这台设备根据上述评定标准,可以评定为具有珍贵价值的印刷机械设备。

一般价值的印刷机械设备的评定标准可依据 2001 年 4 月 5 日文化部审议通过的"文物藏品定级标准"中,由一般文物定级标准"反映中国各个历史时期的生产力和生产关系及其经济制度、政治制度,以及有关社会历史发展的具有一定价值的文物"或"具有一定价值的历代生产、生活用具等"进行评定。比如中国印刷博物馆收藏中,1972年6月,由北京人民机器厂生产制造的全张双色胶印机,就代表了印刷机械设备由单色向双色印刷发展的一台印刷机械设备实物,但由于这台印刷设备生产年代较晚,并且不是第一台,因此,这台印刷设备根据评定标准可以评定为一般价值的印刷机械设备。

二、古籍类价值评定标准

古籍是中国古代书籍的简称,主要指书写或印刷于1912年以前具有中国古典装帧形式的书籍。其版本十分丰富,包括写本、稿本、抄本、影抄本、彩绘本、刻本、初刻本、重刻本、翻刻本、影刻本、重修本、递修本、朱印本、蓝印本、泥活字本、木活字本、聚珍版印本、铜活字印本、套色印本(也称敷彩印本)、套版印本、朱墨套印本、多色套印本、饾版印本、拱花印本、饾版拱花印本、钤印本、磁版印本、活字泥版印本、铜版印本、珂罗版印本、石印本、批校题跋本、过录本、孤本等。

古籍的价值评定可依据文化部2006年8月5日发布的"古籍定级标准",对古籍进行一级、二级、三级、四级价值评定。比如中国印刷博物馆收藏的南宋杭州刻本《春秋经传》,就符合一级古籍定级标准中的"元代及其以前(包括辽、西夏、金以及元朝成立前的蒙古族)刻印、抄写的古籍"的要求,因此,这本南宋刻本,便可以评定为国家一级文物;明嘉靖年间刻印的中国印刷博物馆收藏的《象山先生全集》,根据年代可以评定为国家二级文物,明末年间刻印的《洛阳伽蓝记(卷五)》,根据年代及存世数量,可以评定为国家三级文物,清乾隆年间刻印的《历朝名媛诗词》根据其年代及刻印质量与存世数量,将其评定为国家四级文物。

2007年,"中华古籍保护计划"正式启动,评审公布《国家珍贵古籍名录》和"全国古籍重点保护单位"。至2013年,国务院先后公布四批《国家珍贵古籍名录》，11375 部古籍入选。随着古籍保护工作力度的加大，名录逐步纳入新的内容，收录类别不断扩展：从第二批起开始收录舆图、碑帖拓本和存藏于中国的外文珍贵古籍，从第四批起又增选甲骨，从第五批起纳入古籍版本。

《国家珍贵古籍名录》的入选标准十分严格。名录的主要收录范围是1912 年以前书写或印刷的，以中国古典装帧形式存在，具有重要历史、思想和文化价值的珍贵古籍。少数民族文字古籍视具体情况适当放宽。国家珍贵古籍的评选标准，原则上与《古籍定级标准》（WH/T20-2006）所规定的一级、二级古籍的评定标准相同，即国家珍贵古籍原则上从一级、二级古籍内选定。

三、近现代手稿价值评定标准

手稿是作者亲手书写在纸张、布帛或者竹简之上的原稿，主要包括初稿、修改稿、定稿、清样校改稿、样书修订稿、未刊稿和作者抄录稿。近现代的手稿在出版能力和印刷技术不断进步的驱动下，为适应出版要求而出现的文本形态也就更加多样化了，同时手稿也具有了一定的收藏与保护价值。

关于近现代手稿价值评定，笔者认为可依据 2003 年 5 月 13 日国家文物局颁发的"文物博发〔2003〕38 号"中"关于印发《近现代文物征集参考范围》和《近现代一级文物藏品定级标准（试行）》的通知"，其中"近现代一级文物藏品定级标准（试行）"的第六条所讲述的"著名作家的代表性著名手稿以及其他具有重要历史意义或特殊意义的手稿"对手稿进行珍贵价值评定。

一般价值的手稿评定标准可依据 2001 年 4 月 5 日文化部审议通过的"文物藏品定级标准"中一般文物定级标准所讲述的"其他具有一定历史、艺术、科学价值的文物"进行评定。比如当代比较有名的一些作家的书稿，可根据上述标准对其进行一般价值评定。

四、音像制品价值评定标准

音像制品是指录有内容的录音带、录像带、唱片、激光唱盘和激光视盘等,包括音像软件,学习软件(CD、VCD、DVD、DVCD、EVCD、蓝光碟等)。

音像制品价值的评定可依据2003年5月13日国家文物局颁发的"文物博发〔2003〕38号"中"关于印发《近现代文物征集参考范围》和《近现代一级文物藏品定级标准(试行)》的通知",其中"近现代一级文物藏品定级标准(试行)"的第十五条所讲述的"形成时间较早、存世稀少、能反映重要人物的重要活动、对重大历史事件有佐证意义的原版作品,或流传经过中有特殊情节的原版作品",对音像制品进行珍贵价值评定。比如中国唱片总公司收藏的中华人民共和国国歌铜母版、孙中山先生原声、毛泽东主席开国大典原声等,根据上述标准均被评定为国家一级文物。

一般价值的音像制品评定标准可依据2001年4月5日文化部审议通过的"文物藏品定级标准"中一般文物定级标准所讲述的"反映某一历史事件、历史人物,具有一定价值文物或其他具有一定历史、艺术、科学价值的文物"进行评定。

五、书刊、传单价值评定标准

书刊包括书籍、报纸、期刊、号外、时事材料、文件汇编等印刷品;传单包括重大事件和历史大规模群众性运动中散发、张贴的传单、标语、漫画,重要战役的捷报,也包括交战双方散发的宣传品。

书刊、传单价值的评定可依据2003年5月13日国家文物局颁发的"文物博发〔2003〕38号"中"关于印发《近现代文物征集参考范围》和《近现代一级文物藏品定级标准(试行)》的通知",其中"近现代一级文物藏品定级标准(试行)"的第七条所讲述的"领袖或著名人物阅读过并写有重要眉批、评语和心得的书刊或其他具有重要历史意义或特殊意义的书刊、传单"对书刊、传单进行珍贵价值评定。比如中央档案馆收藏的毛泽东主席阅读并评点过的《二十四史》,可以定为珍贵书刊。

一般价值的书刊、传单评定标准可依据2001年4月5日文化部审议通过的"文物藏品定级标准"中一般文物定级标准所讲述的"反映某一历史事件、历史人物,具有一定价值文物或其他具有一定历史、艺术、科学价值的文物"进行评定。如中国印刷博物馆收藏的人民日报社2011年7月1日出版的共90版面的《人民日报》,是为纪念建党90周年而出版的。根据上述评定标准可评定为一般价值的书刊。

六、货币、邮票实用艺术类物品

货币和邮票是一种特殊的印刷出版品。其价值评定可依据2003年5月13日国家文物局颁发的"文物博发〔2003〕38号"中"关于印发《近现代文物征集参考范围》和《近现代一级文物藏品定级标准(试行)》的通知",其中"近现代一级文物藏品定级标准(试行)"的"第十八条货币、邮票等实用艺术类物品"中所讲述的"一是从近现代历史角度出发,对表现近现代重大历史题材的,或者有极特殊情节、特殊意义的实用艺术类物品,确定为一级文物;二是从艺术水平和艺术发展史的角度出发,对极少数具有时代独创性、首创性和唯一性的,确已受到公认、价值极为突出的实用艺术类物品,确定为一级文物"对货币、邮票等实用艺术类物品进行珍贵价值评定。比如中国印刷博物馆收藏晋察冀边区银行发行的纸币,是当时抗日根据地政府在党的领导,为配合政治、军事斗争的展开,繁荣经济,支持抗战,发行边区币,是特定历史背景下的产物,属于一种战时地方性货币,具有当时中国国情和抗日战争的鲜明特色。由此可以对这些纸币评定一级文物。还有中国印刷博物馆收藏的"大清龙票",作为中华邮票的开端,其龙头地位及历史资料价值无可取代,因此,可以评定为一级文物。

一般价值的货币与邮票评定标准可依据2001年4月5日文化部审议通过的"文物藏品定级标准"中一般文物定级标准所讲述的"其他具有一定历史、艺术、科学价值的文物"进行评定。比如中国印刷博物馆收藏的中华民国时期的纸币和"齐白石作品邮票",都具有一定的历史与艺术价值,根据上述评定标准,可评定为一般价值的邮票。

　　本章从一般原理与原则上探讨了可移动出版业文化遗产的价值判定标准,后面将专辟章节结合中国出版博物馆建设的具体实践问题详细讨论出版博物馆藏品的判定标准与评定级别的操作标准。

第四章 关于中国出版博物馆建设的若干问题思考

第一节 中国出版博物馆(筹)的机理探析

所谓机理,一是指为实现某一特定功能,一定的系统结构中各要素的内在工作方式以及诸要素在一定环境下相互联系、相互作用的运行规则和原理;二是指事物变化的理由和道理,从机理的概念分析,机理包括形成要素和形成要素之间的关系两个方面。筹建中国出版博物馆的动因是原国家新闻出版总署提出,相关行动方案由国家版本图书馆版本文化处及相关部门起草,这在某种程度上体现了出版博物馆建设的动因和产生背景。探析出版博物馆的机理,我们可以从出版博物馆建立的必要性和可行性入手,探讨出版博物馆的功能定位,探讨中国版本图书馆、中国印刷博物馆、中国出版博物馆三者之间内在的协调统筹与功能互动,进而有助于出版博物馆的内容建设。

中国出版业源远流长的发展与积累形成了丰厚宝贵的文化遗产。从"编、印、发"三位一体的"大出版"角度来看,中国已有中国印刷博物馆和中国版本图书馆,它们各自都建设与发展到一定程度,也在发展的空间上遇到了各自的"瓶颈",尤其是传承与弘扬中华民族印刷出版文化遗产的平台有待于进一步健全和提升。于是从组织与管理的角度,从操作层面上着眼,由国家新闻出版行业最高管理层牵头主办,整合中国印刷博物馆和中国版本图书馆的相关资源,筹建中国出版博物馆,拓展新的发展空间,形成一加一大于二的综合集成发展模式成为必然趋势,也可以更加系统完整地反映中华民族浩瀚的印刷出版文化历程,这将是通过博物馆模式保存出版业文化遗产的合理选择。

中国版本图书馆发展到一定程度后,其丰富而全面的馆藏文献资源成为筹建中的中国出版博物馆的藏品基础之一。原国家新闻出版总署下属单位中国版本图书馆是中国唯一的专门负责征集、保护、管理中华人民共和国成立后出版物版本的专业图书馆,是中国当代最完整、最具权威的一个出版信息资源库。《音像制品管理条例》和《出版管理条例》明确规定,出版单位发行其出版物前,应当按照国家有关规定向中国版本图书馆免费送交样本。中国版本图书馆自1950年成立以来,收藏各类出版物版本已达500多万册。完整系统的出版物样本馆藏资源积累,自然形成了开发利用出版文化资源的需要。

博物馆是藏品的集中之地,是人类的历史记忆现场,是进行文化传承与创新的殿堂。作为文化成果和载体的图书、报刊、音像版本既是中华文化的载体,也是宣传社会主义核心价值的媒介。在出版博物馆这样的文化殿堂中,博物馆主体可以充分利用公共文化设施的传播优势,开展版本文化研究,组织各种版本文化展览,展示社会文明建设成果,宣传版权保护的成绩,引导全民阅读活动,开展社会主义核心价值体系的宣传工作。为更好地保障人民的文化基本权益,必须通过建设中国出版博物馆,把版本文化事业纳入建立覆盖全社会文化的服务体系中。

中国印刷博物馆已经征集了印刷方面不少展品和资料,也为出版博物馆的建设提供了良好的藏品基础。

建成于1996年的中国印刷博物馆是一个反映中国印刷技术发明与发展史的专业博物馆,它以印刷技术为主题,兼顾纸张、印墨等关联技术。收藏各个时期有代表性的印刷品、印刷机械设备、原材料,以显示印刷在发展文化、推动社会进步、传播科学知识、发展工业生产、改善人民生活和国际文化交流方面的重要作用,使人民认识自己的光荣历史,进行爱国主义教育。

中国印刷博物馆属于印刷专业类博物馆,收藏特色藏品包括:①印刷技术设备。从古代的雕版、活字印刷工具,到近现代印刷机械、仪器等。②印刷品。古代刻印的图书、佛经、招帖、历书、年画、有价证券、反映印刷技术进步的有代表性的近代、现代图书、报刊、地图、海报、邮票、火车票、纸币、包装印品、建筑用印刷品、纺织印品、印刷线路板等。③印刷原材料。印刷用纸、用墨、各种版材和装帧材料等。收藏数量已达到2万余件。收藏质量也较高,其中收藏有国家级珍贵文物,如南宋皇家刻本《春秋经传》以及目前发现最大的一块由整块雕版印刷的清政府入关时的《安民告示》等。

总而言之,中国出版博物馆的产生动因和形成机理主要来源于中国新闻出版行业现有的版本图书馆和印刷博物馆的已有基础、目前的"瓶颈"、发展现状与趋势要求,通过整合集成它们的出版业文化遗产保护与利用的功能,兼及利用全国可移动文物普查在新闻出版领域得到的新成果,采用出版博物馆的模式对中国出版业文化遗产进行专业化的保护与利用。国家出版博物馆的建设将会大力弘扬中国悠久灿烂的出版文化,从文化软实力建设方面推动中国由出版大国向出版强国迈进。

第二节　中国出版博物馆的定位和性质

本书作者通过对国家新闻出版广电总局原出版文化办公室的专家走访了解到,当初向国家提交报告申请拟建的出版博物馆除了作为城市的文化设施,满足社会公众的文化生活需求外,还将为出版产业的发展提供服务,应该具备收藏展示、教育基地、研究中心、资源数据库及交流会所等基本功能。出版博物馆中的藏品,不仅指传统的书、报、刊,还应包括音像、电子和网络出版物;不仅涵盖编辑出版范畴,还包括印刷、发行等方面。本书作者赞同这种"大出版"的内容建设思路。

规划中的出版博物馆将具有如下功能。

一、展示功能

包括展示中国灿烂的知识传播历史与出版文明成果,展示中国丰厚的书籍文化积淀,展示在历史上做出卓越贡献的出版家、编辑家、作家、学者之风采与成就,展示中国出版史尤其是现当代出版史上的科技创新、思想创新成果,展示出版工作档案、著名作家手稿、作品诞生及流传历,展示中国古今出版工作流程原貌,展示与出版相关的印刷、造纸、书店、阅读、作者创作等思想文化成就等。

二、体验功能

用数字化的版本资源和科技手段与观众形成互动,让观众参与编辑、检字、校对、雕版、印制等出版工作流程,让观众特别是中小学生在汉字馆中探索汉字构造的奥妙,体验汉字书写的乐趣。

三、版本价值评估服务功能

以版本创造、制作、收藏、流传历史为依据,评估重要版本的价值含量,为版本收藏爱好者、收藏家或版本拍卖行提供权威的版本价值评估服务。

四、版权开发功能

盘活版本文化资源,在解决版权的前提下,对一些老版本进行复制,甚至形成新的出版物,满足社会的需求。

五、研究功能

研究是博物馆的一项重要功能。出版博物馆以丰富的藏品为依托,可开展出版史研究、版本文化研究、版本管理、修复研究、版本鉴定研究,还可以学术报告、学术研讨会等活动带动出版学术交流,与出版、发行、零售、图书馆等行业协会及相关科研机构共同开展出版业发展的专题研究。

六、文化信息汇集功能

举办出版社新书发布、作者新书签名、书友交流会、读书活动、出版大讲堂、学术论坛等,成为各种出版文化活动的公共场所。

七、教育宣传功能

出版博物馆还承担着出版行业人才教育培训、中小学校的中国传统文化教育、爱国主义教育、面向大众的出版文化普及等教育功能,通过开展国内外各类版本文化宣传展览活动,展示优秀出版物,推动中国图书"走出去"战略的实施。

八、交流功能

交流功能包括与观众交流、与国内其他博物馆"轮展"交流、与国外博物馆和相关研究机构交流等。

以上从理论上辨析国家版本图书馆和中国出版博物馆的各自功能定位,表4-1、表4-2简明扼要地对功能进行归纳总结。

表4-1　中国版本图书馆的功能

基本功能	已履行功能	深化功能
版本征集与藏管	版本征集与藏管	1. 在版本征集过程中,挖掘版本价值 2. 对高价值版本再版和再挖掘 3. 版本鉴定 4. 为司法部门提供版本证据 5. 重点出版物的征集和宣传
图书在版编目 （CIP）	图书在版编目 （CIP）	1. 为图书馆提供编目服务 2. 为出版社选题决策、查重提供服务 3. 为出版发行业提供编目服务 4. 为图书市场管理部门提供依据

表4-2　中国出版博物馆功能

基本功能	功能阐释
展示功能	1. 展示知识传播历史与出版文明成果 2. 展示卓越出版家、编辑家、作家、学者风采与成就 3. 展示中国书籍文化 4. 展示中国出版科技创新和思想创新成果 5. 展示出版工作档案、著名作家手稿等 6. 展示中国古今出版工作流程原貌 7. 展示印刷、造纸、书店、阅读等文化
版本价值评估 服务功能	评估重要版本的价值含量,为版本收藏爱好者、收藏家或版本拍卖行提供权威的版本价值评估标准
体验功能	1. 用数字化的版本资源和科技手段与观众形成互动 2. 书简刻写、雕版印刷体验、编辑、检字、校对等出版工作流程体验 3. 在汉字馆中探索汉字构造的奥妙,体验汉字书写的乐趣
版权开发功能	对老版本进行复制,甚至形成新的出版物,满足社会的需求

续表

基本功能	功能阐释
研究功能	1. 以学术报告、学术研讨会等活动带动学术交流 2. 出版史研究、版本文化研究 3. 研究出版业健康发展路径
文化信息汇集功能	1. 出版社新书发布、作者新书签名、书友交流会 2. 学术讲座、学术论坛 3. 全民阅读静谧空间 4. 民众文化活动公益场所
教育宣传功能	1. 出版行业人才教育培训基地 2. 中小学校的中国传统文化教育基地 3. 爱国主义教育基地 4. 面向大众的出版文化普及教育 5. 宣传版本文化,推动中国图书"走出去"战略
交流功能	1. 与观众交流 2. 与国内其他博物馆交流 3. 与国外博物馆和相关研究机构交流

　　规划中的出版博物馆所依据的"大出版"视野和多元文化与公益功能的定位,将与中国丰富的出版文化遗产相匹配,成为出版博物馆建设过程中藏品征集与收藏、藏品和文物判定与定级的框架性基础及前提背景。

第三节　中国出版博物馆的收藏范围

　　中国出版博物馆收藏范围大致包括如下内容。

　　(1)在中国出版历史上具有特别重要、重要、比较重要、一定意义的历史事件中遗留下的代表性实物,包括稿本、手抄本、出版物及相关附属物[相关附属物指与出版物直接相关的物品原件,如插画、装帧附属物(如函套、腰封、藏书票等)、申请出版及出版审批文件等]、印刷设备与工具、印刷材料等。

（2）国内外出版史上具有历史、艺术、科学价值的实物。

（3）为促进中国出版发展做出过十分重要贡献的国际知名人士、重要机构（含政府）的代表性赠礼、实物、著述等。

（4）反映出多层次、多方面中外出版相互交流的代表性实物。

（5）由贵重材料制成或具有特殊装帧艺术价值的代表实物。

（6）具有传承出版文化教育意义的实物。

（7）活字印刷术出现以来能够反映具有一定目的，并按一定程序对内容进行整理、加工、复制、传播活动的代表性实物。

（8）能够反映竹简、雕版、活版、凹版、丝网、胶版等不同时期出现的印刷工艺对出版产生活动影响的，或对书籍形态产生影响的代表性实物。

（9）能够反映1840年以来书籍设计对出版物产生影响作用的代表性实物。

（10）在国际上获印刷奖和设计奖的图书等出版物及与之密切相关的代表性实物（如设计稿等）。

（11）与中国出版事业相关的文献档案。

（12）与中国出版事业相关的各种遗物。

（13）与出版全流程及其中各个环节相关的实物。

（14）与印刷（复制）工艺全流程及其中各个环节相关的实物。

第五章 古旧书店与出版业文化遗产保护

古旧书店作为古旧书业生态链上重要的一个环节，它的作用绝不仅仅在于书籍的流通，更是传播各类文化信息，沟通过去、现在和将来的媒介，是构建文化生态的重要场所，也在传统书籍文化发展和出版业的进步中起到不可替代的作用。在数字化和网络化对于实体书业两面冲击的今天，我们有责任保护已经年代久远的、具有文化遗产保护意义和收藏价值的珍稀善本或历史上各时代重要的文献资料、手稿以及图书资料。而书店，特别是古旧书店对于珍稀文化遗产的收集和保护起到了很大的作用。

第一节 关于古旧书店与出版业文化遗产
保护的理论问题探析

一、古旧书业的定义

国家标准《古籍著录规则》对古籍有明确定义，主要是指1912年以前在中国书写或印刷，具有中国古典装订形式的书籍。衡量标准主要是装订形式并辅之以图书内容。而对于旧书的定义，学界一直含糊不清，也有许多争论。因为旧的和新的概念都是相对的，并随着时间的演变，旧的和新的所触及和覆盖的领域是不稳定的。无法确切定义什么类型的书属于旧书。2000年,第十一届全国书市期间,由于各地古旧书店、古籍书店以及相关部门在对古旧书业务进行范围界定时,采取的标准掌握情况不一,导致在实际工作之中出现一些困难。为此,中国书刊发行业协会古旧书工作委员会对古旧图书的界定范围做了以下规定:①凡是在1911年以前出版的中外书刊、资料、图片、碑帖、书画等文字、图形的载体均为古书;②凡是在1949年10月1日以前出版的中外书刊、资料、图片、碑帖、书画等文字、图形的载体均为中华人民共和国成立前旧书;③1949年以后出版的中外书刊、资料、图片、碑帖、书画等文字、图形的载体经过流通并回收再发行的书刊资料、影印古籍、古籍整理校勘的文化学术图书也为古旧书范围。

古旧书业是古书业和旧书业的合称,在中华人民共和国成立前及成立初很长一段时间,统称之曰"旧书业"。到了1956年,因公私合营改造的需要,才统称之为"古旧书业"。[1]关于古旧书业的界定有很多,其中具有代表性的为徐雁先生在题为《中国古旧书业:源远流长与存亡绝续》的论文中指出的:古旧书业是指从书籍的持有者手中,回收其售出的古书和旧书,并再次将之投向市场向读者销售的一个行业。一般来说,它与新图书出版发行业一起,共同组成为一个国家乃至一个地区的完整的图书市场。

古旧书业是传统中华文化生态圈里未曾缺失过的重要组成环节,同时和图书发行业有着天然的联系,是出版产业链上的一个环节。但其并不是纯粹的图书发行业,更非纯粹以盈利为主要目的的商品经营,它对中国珍贵的古籍善本、碑帖书画等出版物文化遗产的发掘、保护起到了不可忽视的作用。

二、作为出版业文化遗产的古旧书店的界定

古旧书业是出版业的整体构成中不可或缺的一部分,也是出版文化不可分割的一部分,古旧书业的兴衰,从一个侧面反映出中国文化的传承、变

---

[1]赵长海.新中国古旧书业[M].长春:吉林文史出版社,2009.

迁与兴衰。而古旧书店作为古旧书业中重要的组成部分,是出版业文化中传播和积累人类文化的重要场所和媒介之一。因此,作为出版业文化遗产的古旧书店应从物质文化遗产和非物质文化遗产两方面来界定。

从作为出版业的物质文化遗产的角度来分析,古旧书店应具备以下特征。

(1)古旧书店是中国文化名人、作家、著名出版人的聚集地,他们将古旧书店作为自己的“文化根据地”,时常在这里进行思想、学术的碰撞和交流,带有文化沙龙的气息。如琉璃厂的旧书店一带,就是众多文化名人、名家聚集的地方,这一带的古旧书店在某种程度上可以作为历史文化名人的遗址,后人可在此观摩、学习、瞻仰,熏陶教育、学术和做人的思想。

(2)古旧书店从其所陈列、展示和收藏的善本、典籍、文物字画来看,还具备展示传统出版物的图书馆和博物馆的功能。陈朴先生在《古旧书业究竟是什么业》一文中谈到:“不仅是专家、学者个人,就是国家图书馆、博物馆等单位也要从古旧书店拾遗补缺、增添库藏。除了中国的古籍,还有珍贵的外文图书。”因此,作为出版物的陈列和展示以及收藏的重要场所,这样的古旧书店就具有出版业物质文化遗产的特性。

(3)古旧书店可以作为一种特殊的发行渠道。一般的图书发行主要是经过各地的新华书店或者现在的大型民营发行机构,但进入社会后,一些敬赠、交换和再出售的图书在一定程度上就要依靠古旧书店的中间销售作用。由此看来,古旧书店可以回收这些旧书后再进行发行,如此往复。所以作为传统出版业生态链上发行环节中的一部分,这样的古旧书店也应以具有文化价值的出版物的发行机构而成为出版业物质文化遗产而存在。

从作为出版业的非物质文化遗产的角度来分析,古旧书店应具备以下特征。

(1)对延续珍稀古旧图书的生命起到巨大作用的许多古旧书店,拥有专业的维护、修缮的工作人员,可对古籍等出版物进行修补、重订、完善,使之又焕发出新的“生命力”。古旧书店的存在从某种程度上可视为一种保护出版物文化遗产的技艺存在的场所。

（2）记载实体古旧书店其本身历史发展的记忆乃至传说故事可视作中国传统出版物传播和发行的历史鉴证。在兵荒马乱和天灾人祸的时代，大量的图书文物遭到厄运，而正是古旧书店的从业人员不惜一切代价地从民间搜索、挖掘和寻找，付出艰辛劳动，才使得一部分古籍得以回收。

第二节 古旧书店作为出版业文化遗产的价值

古旧书的传播、流通从一个方面表现了中国文化的传承、变迁和发展。古旧书店对中国出版文化的贡献是巨大的。作为一个依附于知识阶层的行业，它不仅是文人学者吐故纳新、除旧布新的重要文献渊薮，也是历代爱书人和藏书家借以发展和交流沟通的重要场所。古旧书店作为出版业文化遗产的价值主要体现在以下五点。

（1）发掘、保护和抢救全国分散的历代古籍善本、珍贵文献等资料。中国拥有不计其数的具有巨大研究、收藏价值的善本典籍、书画或书刊资料或流散民间或遗失海外。而许多这些重要资料文献都是通过古旧书业挖掘出来从而保护起来的。古旧书店中的先锋代表中国书店在60多年的营业中，对挖掘和保护中国古籍善本更是从未停歇。

（2）对历代古籍善本价值的回升和对中国伟大文化的传播。古旧书店的回收—发行，再回收—再发行，可以使死书变活，一书为多人使用，提高了图书的利用率。古旧书店不仅有古籍，还有碑帖、画以及各时期的文献资料或具有重要价值的期刊报纸等。它使这些宝贵资料在多次重复利用中实现它们的最大价值，书籍的使用寿命得以延续。

（3）是对许多文人志士、专家学者起到陶冶、培养作用的文化园地。萧乾先生曾感叹中国的文人与研究家一向与这一行业结下不解之缘，他们的精神世界中，它占有特殊位置。鲁迅、郑振铎、冯友兰、刘半农等学者，无一不是古旧书店的常客。而正是古旧书店中所提供的知识信息，为专家学者们写书出书提供了"养料"，为中国的出版物贡献了不可磨灭的功勋。

（4）承担着文献库和信息库的功能。中国的古旧书店业不仅面向文史界,同时涵盖了各行各业的信息。尤其在20世纪中国的公共图书馆尚未形成为"文献信息中心"的权威系统,在文献交流通道不畅通、信息传播技术不发达的时代背景下,古旧书店起到了知识集散枢纽的功能。能为学者们提供难以寻觅的珍贵资料。

(5)对古籍善本的修补保护。古旧书业收购的大部分图书中,有的年代久远残缺不全,书店获得这些书籍便从大量的散本中集配成套。而许多古旧书店里的员工具有这一项独特的技艺,许多残卷珍本书经过他们的修补完善后,可以重现甚至超过它原有的价值,无疑延续了图书的生命,同时为中国出版文化遗产的保护做出了不可磨灭的贡献。

综上所述,具有上述五个特征的古旧书店,以实际行动为国家发掘、抢救、保护了大量珍贵古籍文物,为学术界提供了珍贵的历史资料,同时为广大读者铺设了畅通的古旧书刊流通渠道,是中国文化事业不可分割的一部分,因此古旧书店本身的存在也应作为出版业文化遗产被保护。

第三节 古旧书店的保护对出版业文化遗产保护的意义

在中国乃至全世界都将文化软实力视作国家发展重要战略的今天,发掘和保护出版文化遗产的古旧书店在中国不仅没有得到良好的发展,而且正面临萎缩的危险。据笔者统计,现在全国的古旧书店总数不足60家,1/4的省份没有古旧书店,2/3以上的省份仅在省会有一家古旧书店。据笔者了解,中华人民共和国成立前,北京有近400家专售古籍的门店,现在仅有6家;上海由130家锐减到5家;广东由120家减到只剩4家。而与中国古旧书业的衰落形成鲜明对照的,是当今世界上发达国家古旧书业的繁荣兴旺。据报刊报道,日本仅东京就有六七百家[1];法国有专门的旧书

---

[1] 孔夫子旧书网.访东瀛之美书屋 走进日本古旧书业[EB/OL].(2014-3-03)[2017-3-5].http://www.360doc.com/content/14/0501/18/6070800_373766699.shtml.

街;英国有旧书城;美国的旧书业也颇具声势,仅百老汇附近的一家旧书店就拥有7层营业大厅,日上架书量为2万册;成立于瑞士、现总部设在德国波恩的古旧书业的国际性组织——国际旧书商联合会,拥有18个国家以上的成员。

保护中国古旧书店的工作迫在眉睫。古旧书店的从业人员犹如酿蜜之蜂,默默不辞辛苦地尽力搜救,使无数古代典籍和文献资料劫后重生,得以跨越朝代,保存至今。保护古旧书店也是为了更好地保护中华民族文明的传统,延续这项崇高而艰巨的事业。古旧书业的从业者们以店为媒,以书会友,同时为许多文人墨客、专家学者提供了思想交流的园地,保护古旧书店就是保护这一单纯的思想交流场所,这个文化养料的提供地,繁荣中国的宝贵文化思想。

另外,从大的视野来看,国际普遍观点认为,古旧书业的发达与否,往往反映着一座城市、一个地区乃至一个国家的历史文化积淀和传统知识资源的丰富与否。古旧书业越发达,城市所散发的文化魅力就会越浓厚,国家的文化吸引力越大,就会引来国际更多的重视和关注,同时对宣扬中国悠久的历史文化有着重要作用。因此,保护古旧书店,对保护中国出版文化遗产有着重大意义。

第四节　北京、上海两地的古旧书店
发展历史和保护工作

一、北京的古旧书店发展历史和保护工作

北京的古旧书业兴起于辽代。938年,契丹族入主中原,升幽州(今北京)为陪都——辽南京。辽南京城内开始出现收售北宋流散书籍的书贩和书肆。北京书肆业已见雏形。金元两代,北京城内形成了固定的图书市场和专业书肆。明清年间(1368—1911年),由于坊刻的兴起,使得社会的许

多中下层人士也能够阅读到平时官府和富豪所阅读的书籍,因此底层人民的文化需求也大范围扩展,全国各地涌现出大量刊刻和经销图书的坊肆。其集散地,在晚明时期为内城大明门之右、礼部门之外和拱宸门之西。此时的北京书业进入一个黄金发展期,书肆数量、书籍品种、经营规模迅速增长。到了晚清时期,北京还办起来新的坊刻中心——琉璃厂书肆。北京的书肆渐渐集中于琉璃厂地区,形成以古书肆为主体的琉璃厂文化街,见于记载的经营古旧书的书店将近30家,其中为人熟知且经营最久的是创立于明朝末年的老二酉堂。此外,与琉璃厂相当的还有隆福寺的书肆街,其庙前的空地常会出现庙会书市,各种古旧书籍、碑帖画册甚至日用百货等都会陈列其中,成为爱书人经常光顾的场所。

到了民国时期,清代藏书家的藏书由于受战乱的影响,大量流出于古旧书业市场上,这就丰富了古旧书店的货源。另外,由于在民初实行废止经艺旧文,重科学考据,子、史类古书日益畅销。新型图书馆事业的兴起以及新式学校的建立,无疑都扩大了图书市场的需求,促成了民国初期古旧书业的繁荣。在此期间,由于国内的政治形势所致,上海聚集了一批文人志士,书业活跃,上海不仅成为全国最大的城市,还成为全国的书业中心。而此期间,北京的出版业并不如上海发达。据统计,民国后期,北京有零售书店300余家,书摊近百个。[1]在零售书店中,古旧书店或兼营少量新书的旧书店约占半数。其中北京琉璃厂仍是名闻全国的书店街,与其相连的杨梅竹斜街、南新华街,最多时有近百家书店。[2]但好景不长,受新文化运动的冲击,古旧书的行情一落千丈,"反传统、反孔教、反文言"的思想文化革新、文学革命运动使得人们对古旧书的关注和需求大大降低,古旧书的廉价可从谢兴饶在《书林逸话》中窥见一斑:"民国十五、十六年(1926—1927年)间,如地方志之最佳者,不过五角一本,大约一部四册、六册,价仅二三元,普通读者每部不过一元余。犹忆某次去隆福寺书店,见人买方志书,不

---

[1] 郑士德.中国图书发行史[M].北京:中国时代经济出版社,2009:439.

[2] 张静庐.《中国出版史料》补编[M].北京:中华书局,1957:418.

论部册,以手杖量其书堆之高矮,为省手续,其贱可知。"❶

　　抗日战争胜利后,蒋介石发动内战,使全国的经济都陷入危机,古旧书业也面临同样的困境,在北平解放前夕,古旧书店已从300多家减少到110家,从业人员仅剩209人,平均每店不到2人。为了维持生活,有些书店只好忍痛将古旧书作为废纸论斤卖掉。

　　在历经了数百年的沿革、分化和集聚之后,20世纪以来的北京旧书业,最终形成以琉璃厂书肆街、隆福寺书肆街、东安商场书铺群以及西单商场书铺群四个主体古旧书市场的局面。中国著名学者张中行先生曾在自己2002年的著作《由旧书想起的》中对20世纪初期的北京古旧书业作了详尽的解说。他将当时的北京古旧书店、书摊按照一定级别来分门别类。比如主售线装书和一些珍稀善本的店铺为等级最高的古旧书店,主要集中在琉璃厂和隆福寺;主售书类繁杂的,涉及古今中外的古旧书的店铺为中级,集中在东安市场和西单商场,而这其中又有种类之别,一种属于长期性质的,比如地安门外大街、安定门内大街的许多书摊;另一种是间断的,如护国寺和隆福寺庙会,只在会期有。

　　中华人民共和国成立前的两三年间,由于受到国内政治环境和战乱的影响,中国的古旧书业奄奄一息。中华人民共和国成立以后,文化部成立,下设文物局,负责管理和保护全国文物、博物馆、图书馆事业。除此之外,伴随着科学技术和文化事业的不断发展与提高,在与初期为古旧书业的复苏做出了奠基性的工作。与此同时,全国掀起了一股捐赠文物文献的高潮,古旧书店业也在经过一个短暂的阵痛期后,逐渐恢复了元气。国家开始对古旧书业的保护再度重视,陆续发布了各项办法、规定积极保护古旧书业,使得它的发展有了良性的外部环境。其中如文化部和轻工业部联合发出的《禁止用旧版线装古书做纸浆原料的规定》和《从废品回收中的书刊化浆前应让古旧书店进行拣选的规定》两项规定,都明确指出为了保护文物,希望通告各纸厂禁用旧版书做纸浆,故决定全国各地纸厂一律禁用旧

---

❶郑士德.中国图书发行史·增订本[M].北京:中国时代经济出版社,2009:546.

版书、科学书作为纸浆原料,以保护文化遗产。[1]

1952年年初,由郑振铎和齐燕铭等人民代表联名提议在北京成立一家专门负责收售古旧书刊的国营古旧书店,这一议案得到了批准。当年的11月,专营古旧图书的中国书店在北京开业,店址设在北京市东四南大街九十八号。1953年,中国共产党提出过渡时期的总路线和总任务,要求对私营工商业和手工业逐步实现"社会主义改造",因此,私营出版业、印刷业、发行业逐渐纳入了国有化的轨道。根据《中国书店四十年记事》一文中的统计,仅1953年就收购了20余万部有价值的古旧书籍,而中国书店的全年业务量就和当时北京私人营业中的所有111家古旧书店的总业务量相当,次年,古旧书销售额高达64万元,占到北京古旧书行业年销售的一半。3年之后,根据原国家新闻出版总署的推算,当时全国还有私营旧书店333家,书摊和流动书商225家。就存书而言,如北京57户古书经营户共有存书近13.8万部,117.8万多册。[2]在1955年年底,来熏阁、修绠堂、春明书店、文光书店等在陈济川带领下,向政府提出实行公私合营的要求。在1956年社会主义改造的高潮时期,北京书业的全行业"公私合营"宣告完成,北京的私营古旧书店并入中国书店。据《北京游览手册》显示,截至1957年3月底,那时"北京还有141公私合营书店,分散设立在交通便利的街巷、市场和商场等处,其中大部分是新书业,有一部分古书业和旧书业",其中说明,琉璃厂当时共有古书业32家,以西琉璃厂的来熏阁为代表,隆福寺街有古书铺17家,以修绠堂为代表,此外,在东四人民广场内还有一个古旧书业联营组,西单图书商场里有文光书店。

1958年1月到4月,北京分两批对私营古旧书商户进行了定股定息,经济改组。第一批为琉璃厂、隆福寺以及西单商场的十几家书店进行清产核资,定股定息,最后调整建立了25个直属中国书店领导的古旧书刊收售点。第二批将其余的70多家私营性质的个体劳动者或者夫妻店、父子店、祖孙店进行了合并,按地域和行业分归中国书店下属的四家书店。至此,北京

[1]国家文物事业管理局.新中国文物法规选[M].北京:文物出版社,1987:17.

[2]郑士德.中国图书发行史·增订本[M].北京:中国时代经济出版社,2009:581.

的古旧书店形成了以中国书店为总领,下属四大古旧书店即东安市场古旧书店、琉璃厂古旧书店、西单商场古旧书店和东四隆福寺街古旧书店共同管理的局面。

1960年11月,北京市新华书店提出了一个行业文件初稿,即《关于古旧书刊审查、处理、供应的暂行办法》。此份"初稿"得到了当时文化部出版局的认可,并将其作为附件一并同《请注意加强古旧书内部门市的管理》文件下发到各省、市、自治区的文化局,以此作为工作上的参考。文件中指出,社会主义古旧书发行工作的基本任务是:通过收售古旧书刊,保护祖国文化遗产,使古旧书刊为工农兵服务,为社会主义建设事业服务。❶此后,相应抢救文化遗产的通知精神和相关部门的指示,由各地的人民出版社总抓,古旧书店参加,在全省市内普遍开展旧书收售和租书业务。各地新华书店均普遍开展旧书回收业务。在此期间,中国各地古旧书店均有一大批珍稀善本、印本和碑帖的收获。

1966年5月,文化大革命开始,中国的出版事业遭受到严重的冲击和摧残,古旧书业正常经营中断,而中国书店古旧书刊收售业务被迫停顿,所幸全店所存古书封存,没有受到损失,各个门市部相继转营马列、毛泽东著作和新书、机电产品样本。在当时的背景下,古旧书籍被视为封建主义、资本主义和修正主义思想文化的载体,成了被砸烂的主要对象。从1966年至1976年,中国古籍的出书总数还不到1956年一年的出书数。1968年9月,军宣队和工宣队陆续正式进驻中国书店,11月中国书店革命委员会成立。次年,东安市场改建竣工,中国书店原有使用房屋1600多平方米改建为不足200平方米后恢复营业。

1971年,全国出版工作座谈会在北京举行,周恩来总理重申了"百家争鸣,百花齐放"和"古为今用""洋为中用"的方针,到了1978年,新华书店总店发出《关于迅速恢复和大力加强旧书收售业务的通知》,指出旧书刊的收售流通对保存文献资料和提高书刊的利用率有重要作用,在一定程度上肯定了古旧书店作为旧书刊流通收售的主要场所在其中起到的意义。1980

---

❶徐雁.中国旧书业百年[M].北京:科学出版社,2005:602.

年,国家出版局向各省市、自治区发出《建议有计划有步骤地发展集体所有制和个体所有制的书店、书亭、书摊和书贩》的通知,中国书店的古旧书刊收售业务全面恢复,为中国书店及其他实体古旧书店的保护做出了进一步的贡献。

1982年6月,文化部在北京召开全国图书发行体制改革座谈会,会议中提出在发展集体书店同时,积极扶持个体经营的书店、书摊。1984年,文化部发出《关于进一步加强旧书刊回收工作的通知》,其中对于古旧书店的进一步发展做出新的要求:增加旧书刊收售网店,开辟旧书市场。

1988年6月,在江苏扬州举行了第二次全国古旧书店会议。新闻出版署于9月7日转发了《第二次全国古旧书店会议纪要》,指出古旧书店对发展中国的科学文化仍然有着不可忽视的作用,但近年来,古旧书店面临严重困难,网店在减少,专业技艺濒临失传,应当引起各地出版部门、文化部门的高度重视。随后国家新闻出版总署批准中国书店为正式出版单位并明确规定了其出书范围。

20世纪90年代,北京乃至全国的实体古旧书店、书铺在以萧乾为代表的文化学者、作家、出版人的呼吁和带领下,一步步走向繁荣,古旧书店的保护工作也逐渐得到展开和进一步的落实。据《中国出版年鉴(1993年)》记载,由北京市政府出资,列入全市当年文化工作10件实事之一的海淀图书城"古旧书一条街"正式开业,是当时国内最大的古旧书店,由中国书店负责组织、经营管理。1993年,国家新闻出版总署、国家物价局联合发出《关于加强古旧书业工作的意见》,其中对古旧书店的扶持与保护提出了5条意见,其中包括恢复和建立古旧书业经营网点。

2001年8月,当时世界仅有的两家文化遗产书店之一,由中国书店创办的"中国文化遗产书店"在位于琉璃厂西街57号正式开业。这是集古旧书店、古旧书装订修补学校、博物馆等功能于一体的古旧书业实体,开业后受到社会各界的广泛关注。

2014年,国家社科基金项目启动初期,经课题组人员实地走访和调查,结合最新出版的资料,北京目前共有15家可查的、经营状况较好的古旧书店。其中中国书店下属的实体古旧书店共设9家分店,另设有一家出版社,一家报刊资料部,一家经营文房四宝的商品店,一家由中国书店控股的北京海王村拍卖有限责任公司,分别是中国书店总店,中国书店前门店,中国书店来熏阁书店,中国书店北京新街口店,中国书店松筠阁店,中国书店隆福寺店,中国书店灯市口店,中国书店琉璃厂店,中国书店中关村店以及位于琉璃厂的中国书店出版社,位于西城区西单横二条2号的中国书店报刊资料部和位于琉璃厂东街的中国书店北京安徽四宝堂商店。古书、古旧书以销售为主业,但也自己影印和出版图书。我们实地走访了位于琉璃厂一带所有的中国书店的分店,从书店所销售商品来看,主要经营各类古旧书刊,新印线装古籍,连环画,习字用的字帖、仿影,画册,戏曲唱本,文房四宝,工艺品,工具书,地图等。因如今的琉璃厂已形成北京最为有名的文化一条街,受周围古玩、文物商店或各类拍卖公司的影响,中国书店多与这些商店开在一起,逛书店的同时也可欣赏周边的古玩字画,因喜爱旧物、古玩的人群大多也会关心古旧图书或者珍稀古籍善本,所以采取这样的方式,也为古旧书店的经营工作获得了更多的目标人群;从阅读、消费人群来看,即使是周末,前来购书选书或翻开浏览的读者并不多,店面都显得很安静,这些读者中的职业有教师、学者、学生、退休的文化研究者、收藏家等。笔者对正在浏览书籍的读者进行访问,一些读者表示逛旧书店的目的在于淘到一些已不在市面上进行流通的、自己又心仪的旧书;而个别读者则以藏书者的身份,希望在此地能收藏一些古籍善本;也有买家是商人身份,目的在发掘古旧书籍本身作为藏品的商业价值,用以买卖交易。笔者注意到,相关政府部门并未对这些古旧实体书店进行合理的保护和规划,监管力度也不大。

中国书店自身却在寻求新的生存途径和发展。首先,面对互联网的全面到来,中国书店利用"微博、微信"这两个移动互联时代中国最热门的社交媒介进行自身的宣传,笔者从微博平台了解到,包括中国书店总店、琉璃厂店在内的7家实体书店都已在微博上开通自己的实名认证微博号,而微信平台也有一家古籍店开通。中国书店利用微博、微信的传播速度和覆盖面,进行自身的品牌推广和营销。一些真正爱书的人士或者专家学者、文人也能通过微博实时了解新进古旧书目的情况以及最新举办的活动,而中国书店本身也可利用该平台进行自我宣传,获取更多人的关注。其次,中国书店也配合在北京举办的各类书展或图书订货会或不定期开展古籍善本展,也展开古旧书刊的拍卖会等活动,这些活动起到了活跃文人交流、促进珍惜善本流通的积极作用,同时增加了自身的知名度和品牌度。

通过走访调查,笔者认为北京目前的古旧书店业的整体情况在全国属于良好,虽不如古旧书业的"黄金时代",但在互联网和数字化以及人们不断对新生事物的接受程度逐渐快速增长的双重影响下,北京的古旧书店以中国书店为代表,形成了自己独有的古旧书业品牌,并积极拓展适应新环境的各类经营工作。在琉璃厂一带,也形成了独有的古旧书店品牌体系,书店的外饰装潢显示出文化底蕴,渐渐形成一处独特的文化地标建筑群,前来观赏的外国游客也多有留影纪念。区别于中国其他城市的古旧书店的状况,多位于现代化图书大楼的隐蔽一角,或是分散地占有冷清的小平方米的店面。对这类古旧书店的保护应该受到国家有关部门的重视,将其列为出版业文化遗产保护的一部分,进行资金、人员、政策等各方面的保护,使得中国的传统文化得到长久的保存,以便后世的传播。

二、上海的古旧书店发展历史和保护工作

自晚清到民国,上海逐渐成为全国经济文化的中心,也是近代中国的出版中心。上海最早的古旧书业,在辛亥革命以前,主要集中在棋盘街一带,即江西中路至河南中路的福州路东段,还有"麦家圈",即福州路和山东路附近;另有广东路中段的宝善街,以及汉口路一带,这是晚清上海书业比较集中的一个地区,云集了那个时代几乎所有的上海地区的书业。

1911年,上海设立了古书流通处,此举揭开了上海旧书业繁荣的序幕,来自苏杭、扬州等地的江南书商纷纷到上海开店,抱经堂、来青阁、汉学书店、传薪书店等,以销售古书为主,形成了一定的书业市场;来自北方的旧书店,如来熏阁、忠厚书庄、修文堂、萃古斋等。这个时代的古旧书店业主

大多具备相当的目录版本、文物考古、装裱字画等方面的知识,除上门收购图书外,也派人到全国各地收购民间旧书,进行加工整理,编辑目录,影印善本,对中国的传统文化进行了极好地传承。

1949年5月,上海市人民政府开始对书业进行调整改造,一部分书店转换了经营方式,改为销售文化用品,一部分书店进行了国有化,成立了国营的如上海图书公司、上海新华书店、上海旧书店、古籍书店等。1956年进入了公私合营的高潮之中。

1967年4月,上海古旧书店改名为上海书店。同年,上海市文物图书清理小组成立。在文化大革命期间,响应"破四旧"的号召,全国古旧书业秩序一片混乱,各类珍稀善本、文物出版物都受到了严重威胁,大量古籍丧失,古旧书店的地位也不断下降。后来,在周恩来总理的指示下,中央颁发的《中共中央关于在无产阶级文化大革命中保护文物图书的几点意见》中提到古籍书店所藏文物图书都是国家财产,一律不得处理或销毁,应当妥善保管并注意经常性的保养工作,各有关部门纷纷积极响应,及时采取措施进行保护,这期间,上海的多加古旧书店得以继续展开经营工作,也使得古旧书店站在了保护国家文化财产的层面和意义上。

跨入2000年的上海古旧书业焕发出不一样的精神面貌。2003年上海图书公司主办"世界级城市与古旧书业高级论坛",与会的业界专家学者探讨、交流了古旧书业的新思路、新技术,也作了相应的主题报告。

21世纪起,随着华夏大地的藏书热浪高涨,大多散落在民间的善本书纷纷进入拍卖市场。此刻,失去行业垄断的上海图书发行公司其经营理念也做出一系列调整。充实收购力量,将收购定位在拍卖行放弃的中低端旧书范围;另外,推出寄销形式,让藏书家将古旧书刊送店堂寄卖。这样就在一定程度上解决了旧书店的货源问题。

上海的各色旧书店及旧书摊与北京相比可谓星罗棋布,各成特色,古旧书店的店主及其用户的读者们都从不同的层面通过实际行动为保护实体古旧书店献出自己的一份力量。古旧书店在当下仍是社会文明的一种需求,也是历史之沉淀,其兴旺与否,更是衡量地域文化底蕴的一杆秤。

第五节　国外古旧书店的发展概况与借鉴

在世界上经济越发达、文化实力越雄厚的国家,往往其古旧书店的发展和保护也越繁荣,其国家对此的文化政策也较为宽松。古旧书业因为其功能特点、针对人群和经营性质上与普通书店的区别,虽都属于图书发行的行业,但其更偏向于博物馆和图书馆的功能,是各国文化信息产业和生态链上的重要一环,古旧书业也是世界性的文化行业。在世界的其他国家,尤其是发达国家中,大部分建立起自己的古旧书商协会,规范古旧书籍、珍稀善本、手稿图片等的流通,而全球的古旧书商协会则将世界的古旧书业信息链接起来,形成一个庞大的交流平台,构成一个全球流动的古旧书业生态链,为保护这个世界上众多的传统、珍稀文化遗产做出了巨大的贡献。在日本有享誉世界的旧书城神田神保町,英国有令人神往的海怡(Hay-on-Wye)书镇,而在挪威、荷兰、法国等城市也逐渐有类似“书镇”或“书乡”的小城乡出现。对日本、英国、美国、法国这些经济发达、文化繁荣的城市中拥有独特经营理念和良好名声的古旧书店发展历程进行梳理,对他们的现状进行介绍,可以为中国的古旧书店行业的保护起到很好的借鉴作用,在一定程度上为中国出版业文化遗产的保护提供参考。

欧洲的古旧书业起步早,英国于1906年成立的“古旧书商协会”(Antiquarian Booksellers Association, ABA),是最早建立的古旧书业的行业化组织,是古旧书业中历史最为悠久的专业机构,笔者从其网站上获知,目前ABA拥有253名成员。而协会成立的目的在于积极推进古旧书的阅读风气,协会成员建立起共同的交易规范,并设定基本的书籍描述准则。ABA的会员们必须是至少有5年从业经验的全职书商,而零售店收藏要求必须达到一定的标准。他们认为诸如手稿、珍惜图片、照片、地图和古董书籍等专业领域都属于古旧书业的范畴,而会员都具备良好的相关领域专业知识。笔者在其网站上注意到,网站会实时更新介绍其成员店面的动态和推广,在网站上可以以最快的速度和宽广的视角发掘英国及其他国家的古旧书店,这些古旧书店多经营具有收藏价值的珍稀善本、初版稀有图书、古董、地图、手稿等文化产品为主,且这些实体店面都具有自己的读者群,有需求空间。除了英国的古书商协会以外,欧洲其他国家如荷兰、德国等国家也有自己的古旧书商协会。

1947年成立的"国际古旧书商联盟"(the International League of Antiquarian Booksellers,ILAB)是来自世界各国古旧书商协会的联合体,由20个国家协会,30个国家和遍及全球的2000个主要古书商人组成。他们制定一系列的行业准则,执行全球性的珍本图书、年代久远的初本古籍,印刷品、手稿图片等古董性的文物贸易。联盟也有自己的出版物,大都是一些与古旧书业有关的字典、论文、著作等。中国曾两次与该联盟有过交集,1994年中国古旧书业观察组员曾组织参加第32届代表大会和第15届书展,而当时的书展展出的亚洲的图书和印刷品是少数,只有少量的日本浮世绘画片和零星的关于朝鲜和中国的书籍,中文版图书更少,仅从一位荷兰书商处找到一册人民美术出版社1953年版连环画《童工》。

一、日本古旧书店的发展概况

日本的古旧书业在全球的古旧书业中占据着一个重要的位置,日本是加入世界古旧书商联盟较早的国家之一,日本人对于古旧图书的保护和古旧实体书店的支持值得借鉴和学习,中国历史上许多文化名人曾在文章中表示过对于日本古旧书业的向往,诸如在日本留学的周树人和周作人,文化大家郁达夫,国内知名藏书家学者陈子善、姜德明、辛德勇等人都对日本东京和京都地区的旧书店有过详尽的记述。日本的古旧书店和书铺主要集中在东京及故都京都两地,其第二大城市大阪的古旧书店也颇具规模,而一些具有历史感的城市,如名古屋、福冈、神户等也分布有大大小小上百家古旧书店。据1994年第五期《出版参考》中刊载的《日本的古旧书业》所记载,当时整个日本有古旧书店约4000家。东京约有800家,大阪230家,京都130家。日本古旧书店不但数量多,而且经营品种各有特色。

日本最著名的古旧书业集中地为东京的神田神保町,神保町有一条闻名世界的书店街,神田书店街已有100多年的历史了,日本古书藏家、作家池谷伊佐夫在《神保町的书虫:爱书狂的东京古书街朝圣之旅》一书中,将神保町古书街比作"旧书的麦加",意指神保町对于爱书之人来说犹如伊斯兰教徒心目中的圣地麦加。神保町古书街是东京诸多大学的发源地,诸如明治大学、帝国大学、东京大学等都在神保町附近,学者和知识分子的高度集中,为书店街提供了稳定的客源。神田书店街的真正壮大则是在1923年的关东大地震之后,当时地震所致的损失惨重,在东京市的复兴计划中,各家古旧书店纷纷献计献策,积极行动起来,通过增加出版图书目录、送书上门、举办展览等新型的运营方式来重建和发展古旧书店的业务。古书街以神保町十字路口为中心,北边从JR水道桥站到御茶水站、东边到JR神田站的范围内,集中了很多书店、出版社、出版批发商代销店,大小书店鳞次栉比总数近200家,其中有专营古书文献的书店,许多20世纪初甚至更早出版的书籍和文献资料都可以在这里找到;有专营外语书籍的书店、杂志店;还有专卖各类中文书籍的书店。从事这一行业的书商们也通晓典籍,博雅多识,其中亦不乏学有所成的行家里手、文人学者、出版家、版本学家、报刊主编、收藏家层出不穷。

笔者通过诸多对日本古旧书业描述的文章和网络上获得的一手资料,总结出日本林林总总、纷繁复杂的古旧书店业主要有以下几个特征:一是规模庞大。日本有特殊的地理因素,致使每一家店面都不大,但几条大街密密麻麻地布满书店,神保町古旧书店一条街里经营各种古旧书籍的店铺就有一百三四十家,占全国同类书肆的绝大比重。旧式书店屋宇,沿街对排,气派很大。二是书籍品种齐全。书店街可以买到日本各式各样的图书,特别是古旧图书,各种版本应有尽有。著名的"三省堂"存书突破百万册,堪称书店街老大,在整个东京位居第二,仅次于市中心存书120万册的"八重洲"。每层一个学科领域,分门别类,全部开架,阅读选购,十分方便。三是开放式的经营。书店街每家店铺只有两三位业务人员负责收费,并无人看管图书,门口也没有安放安检仪器。不仅如此,书架有的就放在店铺外面,有的在店门口,有的贴着店铺的外墙,临着大街,那是书店人员视线之外的。四是经营特色和专业性突出。100多家书店,在图书种类方面则各有侧重,如丸沼书店主要经营法律书籍,朝日书林主要经营近代文学书籍,松村书店主要经营外文美术和文科书籍,大屋书房主要经营江户时代的古旧书籍,内山书店专营中国书籍。五是周到的服务和灵活的经营。买下书后,只要留下地址,书店会送货上门。各个店家又以增加出版图书目录、送书上门、共同举办旧书展览、贩卖大会等新型运营方式拓宽旧书的贩卖渠道。书店街每年都定期举办"神田旧书节""神保町图书节"等与书籍有关的活动,期间很多书都打折降价,那是读书人的节日和盛会,这期间很多人会去书店街"淘宝",热闹非凡。

日本的古旧书店也同世界各地的古旧书店一样,面临着生存方面的各种压力,有来自店面租金的经济压力,也有来自新兴娱乐形态和新媒体的压力,还有人们日益变化的阅读形态,然而,日本抓住了互联网的机遇,同时借助机制健全的"日本古书商协会(ABAJ)",使得日本的古旧书业经受住一次次的冲击和考验。1998年春开办以来的"日本古旧书店"网站已经覆盖了整个日本的大部分古旧书店,这些古旧书店通过互联网快速而广泛传播的特点和性质,及时定期更新书店信息,不仅加深了自身的宣传,也为国外的观光客经由认识旧书店而深入了解日本的国家文化精神与内涵。日本古书商协会还与国际古旧书商联盟合作,先后在东京举办过三次国际古旧书展,向世界展示了日本特有的古旧书业文化,传承日本的传统文化。笔者从其协会网站上获悉,目前日本古书商协会在全国范围内共有29家古旧书店成员,2012年在京都还举行了国际古典书籍博览会。

在日本的古旧书店中也流散着一定数量的中国善本古籍,其中不乏价值连城者,如2013年日本东京神保町的旧书店"一诚堂书店"举办为期两天的展销会,展品中就包括12世纪前后中国南宋时期出版的诗集《唐人绝句》全部22册中的21册,标价4.6亿日元(约合2875万元人民币)。由于宋版书籍极为珍贵,许多在中国已经散佚,这21册《唐人绝句》被标出了天价。而在书店街的"山本堂"书店是专营古代汉语文史哲类古籍的书店,其中也不乏明清的善本古籍，朱舜水、王阳明、傅山的著作的线装和式善本，还有明治末年出版的《芥子园画传》。而让中国文人学者倍感熟悉的内山书店的总店就赫然伫立在神田古旧书店一条街的醒目之处，据说是日本最齐全的中国出版的图文书店，从毛泽东、鲁迅、白先勇到先锋派苏童、格非、余华等人的代表作都收集得十分齐全，顶层还出售中国的文房四宝、书画挂轴、工艺品和中国电影海报和唱片。

综上所述，日本的古旧书业整体发展虽也面临新时代的诸多问题与困难，但因民众的热情支持和规范有效的行业组织，还有日本人对于传统典籍文化的至高推崇，使得日本的实体古旧书业始终有一定的生存空间。

二、英国古旧书店的发展概况

英国的古旧书业历史悠远，具有丰厚的传统文化，古旧书店的规范经营由来已早，而世界上最早的古旧书业组织也是于1906年在英国成立的，因此提及全球的古旧书业，英国是一个不能忽视的重要国家，它甚至也引领着全球书业的走向，古时的一大批学者和藏书家都从这里走出去，而来自世界各国的作家、藏书家亦从不同地方来到这里，进行图书贸易。

从所经营的图书的种类来看，英国的旧书店分综合性和专业性的两类。综合性旧书店经营各种门类的古旧图书；专业类的则主要经营文学、艺术、音乐等门类，通常是一家店专营其中一种图书。旧书店的书籍摆放也有所讲究，在综合性书店中政治、军事、文学、历史等不同种类的书籍都会分开放置，方便读者寻找，而每一种门类之下，有时还会再细分到国家、年代甚至作家等。在英国的古旧书业里有两个亮点是不能避及的，他们给全球的古旧书业注入活力，引领着古旧书业的发展，它们也代表着整个英国的文化氛围和精神——查令十字街和拥有世界上最大旧书市场称号的海怡小镇。

在英格兰和威尔士的分界线上有一座"世界旧书之都"，它是世界上第一个书镇，也可以视作世界上最大的二手书店。目前海怡有40多家二手书店,每一年这个数字还会不断增加,而平时的藏书量则常保持在300万册左右。书镇的创始人叫查理·布斯,他建立的"书店总部"是海怡小镇上最大、最知名的书店,也是世界上每日营业额最大的二手书店。在海怡书镇上的书籍主要以旧书为主,有些店以量取胜,有些以善本、古籍为主,有些以超低价为噱头,不过布斯本人很快注意到,二手书店一定要突出其专业特色,这样会淡化其他方面的缺点,所以海怡人也开始建立自己的小店,专攻一个主题的旧书,店主一般就是这个领域的专家。比如 Sallyand Kemeysforwood 是一家卖古董地图和印刷品的书店,ArdenBook 专营有关动植物及自然生态方面的书籍,还有著名的"诗集书店"专卖各种旧诗集。海怡的旧书贩卖方式也很特别,许多旧书就沿街堆放至路边,读者可自行挑选书籍,然后将钱币投入一旁的盒子里即可,几乎所有的人都遵守这个看不见的规矩。

布斯本人一手将一个名不见经传的小镇打造成了这个世界上最大的"旧书业帝国",他也为一座小城镇的发展开创了新的经营模式,这座旧书城不仅经营古旧书籍,还有很多和图书制作相关的小作坊,如为书籍烫金或镶框的小作坊、造纸厂和手工印刷厂等,也有经营旧版画的店面。每年都会有数万人来这里参加一年一度的图书节,后来欧洲很多地方也争相引进这种图书经营模式。书镇不仅为整个城市的经济发展带来了巨大影响,促进了经济和文化的双重繁荣,更为许多珍稀善本、古旧书籍找到了"安身立命"之所,使得许多具有价值的出版物得以流通和保存。

另外一个为众人所津津乐道的就是位于英国伦敦的查令十字街,它是英国最为著名的旧书街,这里同样地处伦敦市区的闹市地段,地理优势明显,它毗邻伦敦最繁华的商业中心牛津街,南端连接着伦敦剧院区和国家艺廊,北上沿路排列有全英几家著名的大型连锁书店。独特的区位优势让查令街在百年间发展出了几十家旧书店,成为全英知名的二手书集中区。而这条街上的各个古旧书店又都各具特色,覆盖不同的专业领域,分工明确,为有各种不同需求的读书人创造良好的条件。从20世纪70年代开始,查令十字街上的旧书店就在不断减少,再者,随着欧美一些图书馆将巨量的18、19世纪英文出版物制作成电子书,提供给读者免费下载阅读之后,人们对于逛旧书店收集二手书的需求变得越来越低。[1]但英国的许多古旧书店抓住互联网的浪潮,选择在网络平台上展示各种古书善本或二手书的信息,顾客看到满意的可以直接在网络上下订单,不仅节约了成本,也使得古旧书的销售不至于暂停。但这些办法使得实体古旧书店的存在变得可有可无,查令街上的古旧书店风景也在慢慢褪色。不论如何,具有厚重文化底蕴的旧书文化街是需要进行保护和长久留存的,它是一个城市精神面貌的展现和传统文化的沉淀,从中可以窥见一个城市的历史、人文变迁,而一家家古旧书店也应成为文化遗址为后人参观。

除了店铺的销售外,对于古董书或珍本书,欧洲常见的交易惯例则是各古旧书商协会举办的书市和拍卖。英国的"世界古书商协会"常在市政厅和渔夫厅举办旧书书市,每逢书市,书商从全国各地赶来,携带着各种珍本和孤本图书,参加的人往往络绎不绝。英国古旧书业中的拍卖行业也是十分发达的,拍卖对象以欧洲的古书为主,一些价值连城的珍本古籍也会被图书馆买走。中国的古旧图书拍卖也都在一定程度上效仿了英国的古旧书拍卖方式。

三、法国古旧书店的发展概况

法国是一个具有浪漫气息和浓厚文化氛围的国度,世界上许多历史文化名人、大作家均对法国尤其是巴黎的书业流连忘返。巴黎的塞纳河畔的旧书摊更是享誉世界,在这条沿河而设的众多大小古旧书摊中,都是个体经营,每个书摊长三四米,几乎每走一步就是一家,而这些旧书摊的组成基本上只是一只只的铁箱子,陈列和收摊都很容易。这个旧书市形成已有330多年的历史,巴黎的政府在它的形成和发展过程中起到了决定性的作用。1891年时,巴黎市政府就批准旧书商在巴黎圣母院对岸设立固定的书摊,开办旧书市场,在这里往往能找到难得的古籍善本、孤本图书和名人的手稿、字画等文物。政府为了能更好地发掘和保护珍贵书刊,对传统文化

---

❶郭瑞佳.英国旧书业的历史剪影——查令十字街[J].编辑之友,2012(6):127-128.

进行发扬和传承,也为了旧书市场本身良性的发展,还设立了"旧书市场奖",奖励对保护、发现和推销珍贵书刊有贡献的人。而塞纳河畔的书商们则都拥有自己的信条:建立信誉,让顾客受益。

有学者对塞纳河畔的旧书摊进行过详尽的考证,旧书摊是从16世纪末在塞纳河畔出现的,而装书的箱子的出现则是在拿破仑的"第二帝国"时代,这样才有了固定的旧书摊。作家卢岚曾在《塞纳河·桥·旧书摊》中记载:在1996年时,塞纳河上总共有248个旧书摊,这些旧书商生活相当清贫,收入也低薄。但有关部门对于沿河书摊的严格管理是使得它坚持数百年长盛不衰的内在原因之一,由于此处已成为巴黎的一道独特风景线,许多游客慕名而来,因此要求这里的书商将自己的书箱都统一刷成绿色,并规定了箱子的大小,还要求每周的营业时间不得少于4天。

尽管塞纳河两岸的旧书市被联合国教科文组织列为世界文化遗产范围之中,但受到日益增多的旅游纪念品兜售以及互联网冲击,对这些书摊构成了新一轮的威胁。为谨防这些外界因素破坏巴黎的"文化气息",巴黎市政厅曾发起了一场保护塞纳河岸文学灵魂的战役。书摊的主人受邀到市政厅参加有关文化危机的讨论,试图促进他们引入更多和知识相关的商品,同时市政厅也进一步加强了对这些摊位所售商品的检查,并通过组织书市徒步游、图书周、绘制摊位地图和举办文学奖等各种方式,重新赢回法国爱书者们对二手书店的惠顾。这一系列的措施展现出巴黎人民对于文化传承的重视,也使得局面有一定的好转。对于欧洲的城市而言,古旧书的收集与买卖本身已经形成了一种传统,进而形成了一个非常成熟和完善的市场,因此才能抵抗各种潜在的危机,这是中国目前的古旧书店市场所需要不断提高和积累的。

笔者从中梳理三个在古旧书业领域里面有突出影响的国家和城市,旨在对中国的实体古旧书店业起到一定程度的借鉴作用和指导价值,记述并不全面,但都具有一定的代表性。在欧洲和一些古旧书业发达的国家,他们的古旧书店之所以会建立百年之久而不衰,主要依赖以下几个重要的原因:一是生活在城市中的市民对于文化和传统文化的觉醒、认知的程度。古旧书业具有历史性和文化性,也具有发掘、抢救和传播传统文化的作用,因此,要使之不断发展,就需要提升人们的文化素质和对传统文化重要性的普及与认知,只有提升了国民的文化素质,才能从根本上唤起大家对古旧书店行业的保护,进而对古旧图书进行保护。二是古旧书业自身需要努力适应外界的变化和带来的挑战,有灵活的应对策略,需要有一个健全的机制,合理的管理以及贸易的规章制度,避免形成乱象,如成立古旧书商联盟或协会。三是需要活络的市场氛围。欧洲等古旧书业发达的城市中,人们普遍能意识到古旧图书所具有的历史文化性和商业价值的双重属性,因此,对于有价值的古籍非常看重,也热衷于寻找和收藏,这样才能形成一个活络的市场买卖氛围,使得古旧图书的贸易得意良好的发展。四是需要政府和相关部门的支持,引起他们的足够重视,需要认识到古旧书店的存在是对整个城市软实力建设的重要手段之一,能够起到对外宣传和弘扬本国文化,对内传承、沉淀文化底蕴的作用,一些政策层面上的扶持和资金上的支助都能够起到一定作用。

第六节　发展和保护中国实体古旧书店业的建议

实体古旧书店作为古旧书业中一个最为重要的发行机构,其作用不仅仅是一个服务社会文化的行业,更承担了发掘、保护、流通古籍文献和历史资料的作用,弘扬优秀的民族文化和精神,为学界人士提供交流的场所,在提供、整理资料、进行传播、积累文化方面,古旧书店有着其他书店无法替代的独特功能,是中国出版业文化遗产链上不可忽视的一环。然而,在对外比较时,于国外的古旧书业发展情况来说,中国的古旧书店存在诸多弱点,对实体古旧书店的保护力度不够,没有重视其重大的意义和价值,还有很大的发展和进步空间;对内,中国的古旧书店每况愈下,面对数字化和互联网的冲击,还有人们阅读习惯的改变,古旧书店的网店在不断减少,不少实体店转为网上经营,虽然收益有所改善,但作为出版业文化遗产的实体古旧书店在渐渐消失,试想一个国家如果不再有实体古旧书店,则会呈现出一派没有人文、学术气息,没有历史和文化沉淀的"文化荒漠"景象,人们将不得窥见自己国家文化和历史的变迁以及知识的传承,后代也将渐渐遗忘中华文化是如何进行传播和承接的。因此,保护实体古旧书店的责任重大,意义重大。保护古籍是每一个中国公民的责任。

虽然目前中国的古旧书业存在诸多的弊端,情况也并不乐观,但爱书之人和有识之士也在逐渐增多,并且国家提出文化强国,大力提升文化软实力,促进文化大发展大繁荣的方针政策的落实,已有越来越多的人开始重视古旧书业这个行业给中国的传统文化产业生态链带来的诸多意义。而当前的中国也正焕发着朝气,人们的思想在解放,视野在开阔,在执行力和创新上都有了突破,因此笔者认为,中国的古旧书店若能及时转变方向,找准定位,付诸实践,一定会变得越来越好。综合以往专家学者的建议,结合自己的分析,笔者为发展和保护中国实体古旧书店业提出如下建议。

政策扶持和法律法规的建立完善。在许多古旧书业发达的国家,对于古旧书店在政策和经济方面都有一定程度的优惠,应设立政府相关部门来监管古旧书业的市场发展,并设立相应的基金用以古旧实体书店的建立。而如果可以通过完善法律法规,研究制定中国古旧书业发展规划和古旧书市场管理规定,就可以便于政府从各个层面对全国古旧书业进行有效的扶持,通过一些规章制度来对内约束实体古旧书店的经验式管理,对外建立相应的法律来规范大的古旧书业市场,保护其健康发展。比如通过成立"中国古旧书业联盟",制定相关的管理规章体系,明确古旧书籍的贸易准则,可以开展定期的书展、论坛,共同建立书目,进行内部交流刊物等工作。而在法律法规方面可将《中华人民共和国文物法》中,从法律层面将涉及的"文物""古书""旧书"的概念定义和贸易准则进行界定,同时通过《拍卖法》来规范古旧书市场的拍卖,排除无法可依、管理混乱、盗版丛生的局面;加大对古旧书业的研究,明确中国古旧书业的定位和方向,通过学术研究和社会实践调查,进一步指出古旧书业对于中国特色社会主义中文化事业的建设有着巨大的意义,从根本上提升人们对于实体古旧书店存在的必要性,并通过这些理论支撑,进行有效宣传。

将存在年代久远、具有厚重文化积累,曾对出版文物进行过有效保护的实体古旧书店进行文化遗产保护,即可以将其列为中国出版业的物质文化遗产,设立相关的保护方法,对其店面的装潢、古籍的储藏进行合理设计与修复,可在其中放入珍稀古籍善本、名人手稿、字画等,注重其内部的储藏条件,使得珍稀藏书能够长期保存,将其作为一处民间博物馆供人参观学习,亦可进行古旧书的流通和买卖。目前,中国的许多私人藏书家拥有相当可观的藏书,但因为经济条件和多种原因的影响,导致藏书不能得到较好的保护。多是藏于家中,因此私人藏书家可将自己的藏书保存在实体古旧书店,一方面可以供人参观;另一方面可以使古籍得到更好的保护。

调整古旧书店的经营方式和体制,借鉴国外古旧书店的经营情况,按照古旧书店特有的专业性进行分类,可将不同主题的二手旧书进行单独的网点销售,而专营古籍善本的珍稀图书可以专设书店,这样可以避免乱象丛生的局面,也可以使得不同书籍的价值得以有效利用。

加强国际间的交流合作,建立中国的古旧书商协会及古旧书业工作者协会。1994年,中国组成的中国古旧书业观察员组赴荷兰参加国际旧书商联盟代表暨交易大会,此次参加对中国今后的古旧书业发展有着不可小觑的影响,通过与其他国家的成员进行交流,能发现诸多自身的问题和发展困境,找到新的想法和思路。而如今随着全球化的进程不断加深,中国在世界的话语权也不断提升,中国自身对于文化的建设和对外的宣传都需要走出国门,多参加古旧书展和国外的旧书拍卖,吸取经验。

抓住互联网和数字化的机遇,建立合理的线上线下销售模式。古旧书的网上交易已成为国内外古旧图书经营的一种重要方式,利用网络平台,可以行之有效、方便快捷地进行古旧书籍的买卖交易,而现代人也越来越适应这种足不出户的交易方式。比如中国最大的网上古旧书市场——孔夫子旧书网就是一个很好的例子,中国已有4000余家网上古旧书店,1800余万册图书在其网络平台上进行交易,注册会员也达80余万人之多。因此,古旧书店可利用网络平台、社交媒体的优势,宣传自己的店面,举办落地活动、书展的同时,也可以在网上实时更新自己的古籍书目,让有需要的人士能够即时看到书目信息,扩大和活络整个市场。

第六章　自媒体与出版文化遗产的
保护和利用

　　中华文明是世界上最古老的文明之一，也是世界上不间断、持续时间最长的文明，这其中，文字与出版的贡献功不可没。出版文化活动自汉字产生就有了重要的开展条件，从古代的龟甲刻字到今天的数字化出版，虽然介质发生了翻天覆地的变化，但是不同载体上所承载的文化生生不息，在华夏大地上，博大精深的文明造就了悠久灿烂的出版文化，从而形成并积累了丰厚的出版文化遗产。

　　作为保存出版文化遗产的场所，博物馆、图书馆、档案馆等机构，自中华人民共和国成立以来也逐步蓬勃发展。1950年，中华人民共和国成立后最早的专门对各类出版物进行保存的机构——中央人民政府出版总署图书馆建立，1995年中国版本图书馆与国家新闻出版署信息中心合并为新闻出版署信息中心（中国版本图书馆），1996年建成了中国印刷博物馆，2008年以后各地和各大出版机构或单位纷纷筹建专门用于保护和展示中国出版领域文化遗产的专门博物馆，2014年国家典籍博物馆开馆。如今，上海和北京分别在筹建中国近现代新闻出版博物馆和中国出版博物馆。❶

　　然而，"遗产不是关起门来进行保护，而是要与人类见面的，其价值是

---

❶彭俊玲，沈世婧. 谈我国出版文化遗产保护与出版博物馆建设[J]. 出版发行研究，2014(8)：21-23.

要为人类所共同欣赏。"❶出版文化遗产不能只躺在博物馆和图书馆里,而要寻求公众对出版文化遗产的价值认同和参与意识,毕竟只有公众广泛的分享,出版文化遗产的价值也才能得以实现。所以,要强调文化遗产的保护不是封存起来束之高阁,而是要在保存中加以开发利用。

本章从出版文化遗产保护的终极意义——传承出发,借鉴文化遗产保护的研究成果,从传播学的角度,探讨自媒体,特别是微博和微信在出版文化遗产保护中的作用。目前,从传播这一角度研究出版文化遗产保护在中国尚属空白。

第一节　媒体传播能力与文化遗产保护

一个国家文化的影响力,不仅取决于其内容是否具有独特魅力,也取决于是否具有先进的传播手段和强大的传播能力,文化传播力已经成为国家文化软实力的决定性因素之一。❷

纵观媒介发展史,一种传播媒体普及5000万人,收音机花了38年,电视机用了13年,互联网花了4年,微博(新浪微博)用了15个月。而微信用户破1亿人,仅用了433天。在信息技术高速发展的今天,互联网和移动互联网深刻地改变了信息的传播方式。自媒体,特别是微博、微信的出现,则使每个人和组织都成为传播者。

据中国互联网络信息中心(CNNIC)发布的《2013—2014年中国移动互联网调查研究报告》显示,截至2014年6月底,中国网民规模达6.32亿,手机网民规模达5.27亿,其中66.1%手机网民每天使用手机上网多次。而国家行政学院电子政务研究中心发布《2013年中国政务微博客评估报告》显示,截至2013年年底,中国政务微博客账号数量超过25万个。另据中国传媒大学媒介与公共事务研究院新媒体实验室最新不完全监测统计,截至2014年10月底,中国政务微信发展总量已突破13000个。如今,自媒体的

---

❶杨锐.关于世界遗产地与旅游之间关系的几点辨析[J].旅游学刊,2002(6):7-8.

❷余斌,潘文年.数字出版文化传播力的建构路径[J].中国出版,2012(3):21-22.

发展已经达到了为传统媒体和公众设置议事日程的地步,在文化遗产保护方面,如何运用自媒体去扩大文化遗产的影响力、开发文化遗产资源、提高公众认知度,让更多的公众参与其中,关系到如何与时俱进地扩大文化遗产价值的保护与开发策略。

传播学是一门综合的交叉学科,而文化遗产传播可谓是一个新的研究领域,截至目前,并没有像科技传播、健康传播那样形成专门的、系统的研究领域,虽然在百度百科中已经能够找到"文化遗产传播"这样的词条,但其研究还处于起步阶段,而且有关研究主要集中于非物质文化遗产的传播上。

通过文献调查发现,刘慧在考察了文化遗产传播产生的背景和基础后,在《文化遗产传播体系建构》一文中,将文化遗产传播概括为以文化遗产为传播内容的信息流动过程,在真实性和完整性的基础上,通过专业交流、传播普及和公众互动等渠道,发挥政府文物职能部门的宏观规划作用,利用更加市场化、更加灵活的保护手段,发动包括非政府组织在内的各种类型社会组织的力量,全面调动普通公众的参与热情。❶这一定义在宏观层面上对文化遗产传播进行了过程性的概括。

中国历朝历代,皇室以及有实力的地方官员、乡绅,很多喜爱收藏、品赏前朝古物,对典籍的收藏是其中重要的一部分,如汉代有天禄阁、石渠阁,明代有天一阁,清代文渊阁是专为收藏四库全书而建的藏书楼。然而,收藏归收藏,在古代,珍贵的典籍和文献并不能为普通老百姓所共享,其传承大都局限于社会上层人士。

社会文化发展至今日,文化遗产不再是摆在博物馆里的死的物品,而是活的文化,需要在传承中延续其生命和意义。从传播学的角度看,首先,出版文化遗产既是媒介,也是信息。无论是出版文化遗产的物质实体还是非物质的文化精神都携带着来自古代的符号和代码,它们是历史文明的见证,是最直观、最具有说服力的媒介和信息。其次,无论是博物馆还是个人,都是出版文化遗产的接受者和传播者,在这一双重身份中,可以不断地

---

❶刘慧.文化遗产传播体系构建研究——以历史文化名城杭州为例[D].福建:厦门大学,2014.

将文化遗产的信息传播开来,从而将"历史"延续到"现在"和"未来",也因为此,出版文化遗产的价值将生生不息地存在于社会公众之中。

第二节　自媒体在出版文化遗产保护中的优势

第一,作为出版文化遗产保护主体,主动对公众发布信息更具有权威性。中国的出版文化遗产浩如烟海,但是其文化价值和艺术价值大多处于"藏在深闺人未识"的阶段。如何发掘出版文化遗产的文化含量,并以准确、客观、真实的信息传播给公众,让更多的人了解中国出版文化遗产的魅力,需要政府、专业组织机构、社会团体乃至每一个人的努力。微博和微信这样的自媒体的诞生使得每一个社会组织和个人都有了向公众传播信息的渠道。如何将权威的信息传播出去,并吸引公众注意、引导其关注方向,是一块有待开发的良田。

第二,相对于传统媒体来说,自媒体传播成本低、效率高。在中国,出版文化遗产保护近年来虽然受到重视,但是并不能持续地受到传统媒体的重视和报道,而文化素养的提升是一个缓慢的过程,需要耳濡目染、日积月累。运营一个自媒体如微博或微信,只需要一位尽心尽责的编辑,便可有声有色地运转,如果所创造的话题引发了足够多的关注,便能够引发传统媒体的跟进。所以,对文化传播来说,是一个投入成本低、效果还不错的选择。

第三,自媒体容量大,呈现形式多样,超文本链接,是传统媒体无法比拟的。虽然微博只能容纳140字的文本,但是可以配图,可以链接网页、视频、音频,其多样化、多媒体的形式足以弥补文本所受到的限制。不仅如此,正因为自媒体短小、精悍、快速的特点,恰好符合了现代人的生活习惯和阅读习惯。事实上,总体来看,自媒体的容量并不小,微博每5分钟即可发布一条,微信虽然订阅号每天只能推送一次,但一次可以包含0篇文章,每篇文章的图文、视频、音频数量不限。不仅如此,微信还附带有各种可开发接口功能,其实用性远远不止于一款社交软件、一种媒体。

第四,自媒体互动功能强,可以及时收到受众的反馈,以修正传播方式和内容。微博具有评论和转发功能,在评论中不仅可以看到受众的评论,还可直接与之交流。在微信中,公众可以直接留言,运营人员也可以通过文章的阅读量来判断公众的喜好。不仅如此,微博和微信都具有很好的数据分析功能,如粉丝分析、互动分析、阅读量分析等,有助于运营人员通过真实的大数据,对下一步的工作做出决策。

第五,开通自媒体是接地气的表现,是一个行业是否与时俱进的标识。移动互联网时代,文化遗产的保护和传承已经到了急需借助自媒体的"现代语言"去阐释文化遗产"古代文化"。广义上讲,自媒体之"新"与出版文化遗产之"老"相结合,让出版文化遗产在数字出版时代焕发新的光彩。

第三节　中国出版文化遗产保护工作中
微博、微信的使用情况调研

作为公共文化设施,博物馆、图书馆乃至出版社、档案馆是出版文化遗产的重要保管与传承机构,是出版文化遗产保护的主力。2007 年 8 月 24 日,国际博物馆协会在维也纳召开的全体大会上,《国际博物馆协会章程》将"博物馆"定义进行了修订,修订后的"博物馆"定义是:博物馆是一个为社会及其发展服务的、向公众开放的非营利性常设机构,为教育、研究、欣赏的目的征集、保护、研究、传播并展出人类及人类环境的物质及非物质遗产。●在中国,2015 年 3 月 2 国务院颁布了《博物馆条例》,其中指出"博物馆是指以教育、研究和欣赏为目的,收藏、保护并向公众展示人类活动和自然环境的见证物,经登记管理机关依法登记的非营利组织。""国家鼓励博物馆挖掘藏品内涵,与文化创意、旅游等产业相结合,开发衍生产品,增强博

● 宋向光. 国际博协"博物馆"定义调整的解读[EB/OL].[2011-6-10](2017-3-8).http://www.sdmu-seum.com/show.aspx?id=3744&cid=49.

物馆发展能力。"[1]由此可见,博物馆是民族文化历史的精魂所在,具有向公众传播、展示文化遗产的职能。很多图书馆和出版机构往往也以附设相关博物馆的方式展示珍稀文献和藏品。

着眼于出版文化保护及其体系的内涵与外延,考虑到其对自媒体的运用情况,我们选定如下考察对象(见表6-1),以期对自媒体(主要是微博、微信)在出版文化遗产保护中的作用有所探索。

国家典籍博物馆——国内首家典籍博物馆,是集典籍收藏、展示、研究、保护、公共教育、文化传承、文化休闲于一体的综合性博物馆,2012年7月由中央机构编制委员会办公室批准正式挂牌成立,依托国家图书馆宏富馆藏。国家图书馆作为国家总书库,截至2013年年底,馆藏文献总量已达3200多万册(件),其中古籍善本14万部,9月10日其正式对公众免费开放,首展系统展示国家图书馆馆藏精品,时间跨度从3000多年前的甲骨到现当代名家手稿,藏品类型囊括了从甲骨、敦煌遗书、善本古籍、金石拓片、舆图、样式雷图档到民族文字古籍、名家手稿、西文善本,呈现中华民族多元丰富的书籍文化以及国家图书馆丰富的馆藏。

中国文字博物馆——中国第一座以文字为主题的博物馆,位于甲骨文的发现地——河南省安阳市,2009年11月16日开馆对公众开放,共入藏文物4123件,其中一级文物305件,涉及甲骨文、金文、简牍和帛书、汉字发展史、汉字书法史、少数民族文字、世界文字等。该博物馆由字坊、广场、主体馆、仓颉馆、科普馆、研究中心、交流中心等建筑组成,总占地143亩,总建筑面积34500平方米。

中国印刷博物馆——中国唯一的国家级印刷专业博物馆,也是世界上规模最大的印刷专业博物馆,1996年建成开馆,位于北京市大兴区,总建筑面积为8000平方米,展陈面积为4600平方米,以雕版印刷术、活字印刷术、汉字信息处理激光照排技术三个具有里程碑意义的科技创新成果为主线,

---

❶博物馆条例[EB/OL].(2015-3-2)[2017-3-10].http://www.gov.cn/zhengce/content/2015-03/02/content_9508.htm .

设置源头古代馆、近现代馆、数字技术馆和印刷设备馆四大展区,并设有纸币证券印刷、邮票印刷、港澳台印刷和印刷精品展区等专题展室。印刷术是中国古代四大发明之一,被人们称为"文明之母",它的发明、发展和传播,对社会进步和人类文明起到了巨大的促进作用。

扬州中国雕版印刷博物馆——中国唯一的一座雕版印刷博物馆。2003年8月经国务院批准成立,扬州广陵书社收藏的30万片古籍版片并入扬州博物馆,建立"扬州双博馆",即扬州中国雕版印刷博物馆、扬州博物馆,位于扬州新城西区,2005年10月9日,扬州双博馆建成对外开放,其中扬州中国雕版印刷博物馆展厅总面积约4100平方米,分为"中国馆"与"扬州馆"两大部分,共陈列文物175件,其中扬州馆还以"仓储式"陈列有20余万片古代雕版。

商务印书馆——中国出版业中历史最悠久的出版机构。1897年创办于上海,1954年迁至北京,2011年商务印书馆改制为商务印书馆有限公司。商务印书馆以"昌明教育,开启民智"为己任,与北京大学同时被誉为"中国近代文化的双子星",它的创立标志着中国现代出版业的开始。历经一个多世纪的发展,不仅创造了中国文化出版事业的辉煌,积累了丰厚的出版文化遗产,其本身也已经成为出版文化遗产保护对象,包括了出版活动、出版机构、出版人、出版物及其精神文化遗产。

本书所考查的出版文化遗产保护实体基本情况见表6-1。

表6-1　本书所考察的出版文化遗产保护主体基本情况表

博物馆/出版社	特色	开馆时间	规模（平方米）	位置
国家典籍博物馆	国内首家典籍博物馆	2014年9月	11549	北京
中国文字博物馆	中国第一座以文字为主题的博物馆	2009年11月	34500	安阳

博物馆/出版社	特色	开馆时间	规模（平方米）	位置
中国印刷博物馆	中国唯一的国家级印刷专业博物馆	1996年6月	8000	北京
扬州中国雕版印刷博物馆	中国唯一的一座雕版印刷博物馆	2005年10月	4100	扬州
商务印书馆	中国出版业中历史最悠久的出版机构	1897年	不计	北京

一、出版文化遗产保护主体机构对微博的使用情况调查

（一）基本使用情况

我们选择最热门的"新浪微博"作为本文微博使用状况调查的对象。

从开通微博的时间上看——商务印书馆开通最早,其次是扬州博物馆微博,再次是国家图书馆。2010年是中国微博元年,可以说在微博蓬勃发展之前,商务印书馆已捷足先登,而博物馆们则相对后知后觉。

从粉丝数量上看——五家微博中,中国文字博物馆和中国印刷博物馆开通微博后并未使用,发布微博数量为零,而粉丝数量并不为零（见表6-2）。另外三家的粉丝数量,国家典籍博物馆依托于国家图书馆,共用一个微博,粉丝数量是18.8万人;扬州中国雕版印刷博物馆与扬州博物馆共用一个微博,粉丝数量为8297人;商务印书馆粉丝数量为15.6万人。数据表明,公众有意愿关注出版文化遗产保护机构,而博物馆和出版社对微博的经营状况则不甚乐观。

表6-2 五家博物馆、出版社微博使用基本情况

博物馆/出版社	微博名称	开通微博时间	发博数量（条）	粉丝数量（人）
国家典籍博物馆	国家图书馆	2013年5月3日	4490	188784

续表

博物馆/出版社	微博名称	开通微博时间	发博数量（条）	粉丝数量（人）
中国文字博物馆	中国文字博物馆	未知	0	35
中国印刷博物馆	中国印刷博物馆	未知	0	8
扬州中国雕版印刷博物馆	扬州博物馆微博	2012年3月16日	867	8297
商务印书馆	商务印书馆	2009年8月25日	5912	156371

注：开通微博时间以第一条微博发布时间为准。

与官网的链接情况——互联网的一大特点在于其所具有的超链接功能。在基本使用情况调查中，笔者还对五家博物馆、出版社是否在其官网上对自媒体进行链接进行了调查，以此判断其对自媒体的重视程度。调查发现，只有国家典籍博物馆和商务印书馆在官网上链接了自家的微博和微信。其中商务印书馆链接了四种自媒体，包括新浪微博、微信、豆瓣小站和QQ空间，国家典籍博物馆链接了新浪微博和腾讯微博。由此可以看出，"年龄最大的"、经过转企改制的、自负盈亏的商务印书馆最为活跃，而作为专职保护出版文化遗产的事业单位的博物馆反而在信息化时代脚步迈得不够快，较为呆板。

其他情况——在基本使用情况调查中，还应包括各自微博的头像、简介是否完整。其中，中国印刷博物馆没有头像，也没有简介，中国文字博物馆有头像、无简介，其他三家博物馆头像和简介均较为完善，"国家图书馆"的微博简介是：国家图书馆是国家总书库，国家书目中心，国家古籍保护中心，国家典籍博物馆。履行国内外图书文献收藏和保护……"商务印书馆"的简介则仅为：创于1897年。

（二）微博内容及转、评、赞分析

在调查中，我们选取了2015年1月1日至31日，共31天，五家微博的原创发布内容作为内容分析对象（见表6-3）。鉴于中国印刷博物馆、中国文字博物馆未开展运营,不再赘述。

从发布数量上看——五个微博的发布数量国家图书馆最多,每天约6.48条;商务印书馆次之,每天约1.12条;扬州博物馆再次之,31天共发布9条。就数量上看,五家博物馆很难在信息高速流通和碎片化的微博大海中崭露头角,很难吸引公众尤其是年轻人的注意。

从发布内容上看——"国家图书馆"微博开设了固定栏目,每天固定发布"每日经典诵读""馆藏故事",以及"业界动态""书刊介绍""读者培训"等,与出版文化遗产相关的内容大约占50%;"商务印书馆"的发布内容绝大多数为"新书介绍",间或发布讲座信息,与出版文化遗产保护的相关度较低,但其在一条微博发起了一次抽奖活动,获得了良好的互动效果;"扬州博物馆微博"虽然发布内容不多,但内容覆盖面更广,包括展览活动安排、展览介绍、活动现场、讲座信息等,与出版文化遗产保护的相关度较高。

从与文化遗产保护的相关度上看——博物馆比出版社要好很多,出版社微博主要内容在推广目前正在推出的新书,而很少去挖掘自身所拥有的出版文化积累。而博物馆则专注于出版文化遗产内容的传播。但是因为国家典籍博物馆只是国家图书馆的一部分,其微博内容也仅约50%与出版文化遗产相关。

从内容发布的形式上看——"扬州博物馆微博"均为图文并茂,图片甚至占主要内容;"商务印书馆"微博大多为图文结合,有的微博正文附带有超链接;"国家图书馆"微博以文字和发起话题为主,几乎没有配图。而三家微博均未使用过视频和音频内容。

从转评赞数量上看——转评赞意味着受众的参与和反馈。"商务印书馆"在三家微博中互动性最好,平均每条微博获得转发27.2次、评论7.6个、赞7.2个,其中一条发起了微博活动,获得了411个转发、126个评论、11个赞;"国家图书馆"微博平均每条微博获得6.5个转发、1个评论、4.9个赞;"扬州博物馆微博"平均每条微博获得5.7个转发、2.3个评论、4.2个赞。

五家微博原创发布内容情况见表6-3。

表6-3　五家微博2015年1月1日至31日原创发布内容情况

微博名称	原创发布数（条）	转发数（次）	评论数（条）	点赞数（次）	出版文化遗产相关微博占比
国家图书馆	201	1313	201	994	约50%
商务印书馆	35	955	269	255	0.02%
扬州博物馆微博	9	52	21	38	100%
中国印刷博物馆	0	0	0	0	0
中国文字博物馆	0	0	0	0	0

二、出版文化遗产保护主体机构对微信的使用情况调查

（一）基本使用情况

从微信所属类型上看——五家微信均为订阅号微信。订阅号微信特点：每天拥有一次推送机会，但微信合并在"订阅号"中（服务号微信特点：每月拥有四次推送机会，但不会被合并到"订阅号"中，更有利于公众看到）。

从五家微信的开通时间上看——腾讯公司于2011年1月21日推出微信，2012年8月23日微信公众平台上线，2013年1月15日微信用户数突破3亿人。商务印书馆在微信公众平台上线半年多后，在五家微信中最早开通。一年多后，国家图书馆开通，然后扬州博物馆、典籍博物馆公共教育、中国印刷博物馆依次开通。最晚开通微信的是中国文字博物馆，2015年2月4日才开通，并且在其官方网站上发布了开通微信的消息。

从微信名称上看——大都沿用了原机构的名字，但微信号的设置上，中国印刷博物馆最长，相对简洁明了、易识别的是扬州博物馆和商务印书馆。中国文字博物馆则未设置微信号，从而缺少了一种被网民认知和检索的渠道。

从微信功能介绍看——中规中矩的,如"国家图书馆"微信功能简介:介绍国家图书馆馆藏特色资源,推送国家图书馆信息动态,推送数字图书馆服务宣传和推广。较为活泼的"扬州博物馆"功能简介是:感谢您的关注,在这里您可以获得最新的信息。期待您的持续关注哦。简洁至上的商务印书馆功能简介是:服务读者,分享阅读。

从是否认证上看——在五家微信中,除了与国家典籍博物馆相关的两家微信——国家图书馆和典籍博物馆公共教育均未进行认证,其他四家微信均为认证微信,认证有助于提高其发布的信息的权威性。

从微信菜单上看——扩大了微信的容量,使其能够像一个官方网站一样为用户带去更多信息,菜单建设是否完整也是评判一个微信使用的指标。中国文字博物馆微信菜单分为精彩展览(基本陈展、专题展览、最新临展、科普中国官方微信、科普中国官方微博)、交流服务(在线订票公告、志愿者、研学教育)数字字博(全景博物馆、藏品赏析)3个大栏目10个小栏目;中国印刷博物馆微信菜单分为读馆讯(公告、展讯、动态、活动)、问馆事(印博简介、参观指南、活动预约、来信留言)、赏馆藏(馆藏珍品、常设展览、文物征集)3个大栏目11个小栏目;扬州博物馆微信菜单分为扬博指南(首页、参观指南、常设展览、馆藏珍品、收藏与捐赠)、扬博动态(扬博特展、资讯公告、社教活动、活动预约、学术交流)、扬博互动(文创产品、志愿者之家、参观预约)3个大栏目13个小栏目;商务印书馆学术中心微信菜单分为经典名著(汉译名著、国学读物)、新书资讯(新书推荐、读书法)、联系我们(官方网站、豆瓣小站)3个大栏目6个小栏目。国家图书馆、典籍博物馆公共教育没有微信菜单。

从微信头像上看——五家微信均设置了本机构最具代表性的logo作为标识,更有利于识别和传播。

五家博物馆/出版社微信使用基本情况见表6-4。

表6-4 五家博物馆/出版社微信使用基本情况

博物馆/ 出版社	微信公众号 名称	微信号	开通时间	类型
国家典籍 博物馆	国家图书馆	chnlibrary	2014年4月 23日	订阅号
国家典籍 博物馆	典籍博物馆 公共教育	djggjy	2014年11月 4日	订阅号
中国文字 博物馆	中国文字博 物馆	无	2015年2月 4日	订阅号
中国印刷 博物馆	中国印刷博 物馆	chinaprintingmuseum	2014年12月 20日	订阅号
扬州中国 雕版印刷 博物馆	扬州博物馆	yzmuseum	2014年6月 27日	订阅号
商务印书馆	商务印书馆 学术中心	shangwu1897	2013年3月 6日	订阅号

注:开通微信公众号时间以第一次推送内容时间为准。

(二)微信内容及阅读分析

鉴于中国文字博物馆于2015年2月4日才开通微信,我们在考察对微信的使用时选取2015年2月4日至3月4日为时间段,共29天,对五家微信进行内容和阅读方面的分析(见表6-5)。

表6-5 五家博物馆、出版社微信内容基本情况

微信公众号	推送量 (次)	文章数 (篇)	阅读量 (次)	点赞数 (次)	出版文 化遗产 相关微 信占比
国家图书馆	5	10	7711	57	30%

续表

微信公众号	推送量 （次）	文章数 （篇）	阅读量 （次）	点赞数 （次）	出版文化遗产相关微信占比
典籍博物馆公共教育	2	2	554	5	100%
中国文字博物馆	8	10	1204	24	100%
中国印刷博物馆	3	3	260	9	100%
扬州博物馆	5	9	3154	31	66%
商务印书馆	26	59	70166	741	0.03%

注：开通微信公众号时间以第一推送内容为准。

从推送次数和文章数量上看——上文提到订阅号微信可以每天推送一次，每次最多可包含8篇文章。无论是推送次数，还是文章数量，商务印书馆在5个微信中都是最多的，几乎达到每天一次，平均每次推送2.26篇文章。文字博物馆虽然开通微信最晚，但在推送次数上是博物馆微信中最多的，推送了8次，共包含10篇文章。印刷博物馆推送次数和文章最少。

从发布内容上看——除了商务印书馆，其他4个机构的微信似乎沦为消息发布的渠道，而对文化内容基本上没有进行深入挖掘，但是能够结合节庆和热点话题推出相应内容。商务印书馆设立固定的栏目制作相应内容，无论是内容的选择，还是篇幅的长短，都较为适合移动阅读，但是内容多为新书的展示和推广，与出版文化遗产相关的内容较少。国家图书馆和典籍博物馆的微信内容多为讲座预告、活动安排以及活动侧记，其中两个微信的内容也有重合，如《传播分享感动——国家典籍博物馆大课堂系列活动侧记》在两个微信中就同时出现。"中国文字博物馆"微信内容兼及信息的传播和文化知识的普及，如《汉字驿站本周活动预告》《您知道"四堂一宣"指的谁吗？》，但缺点是依旧以一种高高在上的灌输式传播。印刷博物馆3篇文章中，1篇为招聘信息，其他2篇为馆务活动的展示；"扬州博物馆"微信推送的9篇文章中多为消息的传播，少有文化方面的挖掘。

从与文化遗产保护的相关度上看——值得一提的是，在选取的考察时间段范围内，2015年2月11日是商务印书馆118岁生日，这一天其微信发布了两篇有关出版文化遗产的文章，即《日新已无，望如朝曙——商务印书馆118岁生日了》《于殿利：自觉融合——百年商务的观念转变与实践突破》，但是这两篇文章也成为29天中该微信中仅有的2篇与出版文化遗产相关的文章，由此可见即使是具有百年历史之久的出版社，在自媒体中对其自身的文化遗产的传播力度也是较小的。典籍博物馆公共教育、中国文字博物馆、中国印刷博物馆的微信内容均与出版文化遗产保护相关，但缺点是文化内容不具有吸引力。扬州博物馆推送的9篇文章中，有6篇与出版文化遗产保护相关，但是因为雕版印刷博物馆只是扬州博物馆的一部分，所以在相关文章的信息传递中出版文化遗产的内容也只占一部分，所以66%的相关度还要再打折扣。国家图书馆微信推送的10篇文章中，与出版文化遗产保护相关的有3篇，其中1篇与"典籍博物馆公共教育"的微信内容重合。

从发布的内容形式上看——微信的推送内容可以是单图文，也可以是多图文，但并不是越多越好。商务印书馆对此把握得最为恰当，每次推送最多不超过4篇文章，多为3篇或2篇。其他博物馆则多为每次1篇，但有时"暴饮暴食"，如国家图书馆微信在2015年2月5日的推送中包含了5篇文章，此次推送的文章数量占了一个月中的一半。从图片的使用上看，商务印书馆的图片最为精美，与正文配合得当，其他4家博物馆则相对较差。从标题的制作上看，商务印书馆微信推送的文章标题，更加凸显了文化味道，如《沙漠中的骑士》《当一切都催我们入睡，我们却突然醒来》等。

从阅读量和点赞数上看——阅读量和点赞数直接反映了读者的阅读喜好。在五个微信中，商务印书馆的每篇文章阅读量和点赞次数是最多的，每篇文章阅读量1189.2次，每篇文章获得12.5个赞。"国家图书馆"微信每篇文章阅量771.1次，每篇文章获得5.7个赞。"扬州博物馆"微信，每篇文章阅量350.4次，每篇文章获得3.4个赞。"典籍博物馆公共教育"微信，每篇文章阅量277次，每篇文章获得2.5个赞。"中国文字博物馆"微信，每篇文章阅量120.4次,每篇文章获得2.4个赞。"中国印刷博物馆"微信,每篇文章阅量86.6次,每篇文章获得3个赞。

第四节　存在的问题与不足

一、微博使用中存在的不足

新浪微博于2009年8月14日开始内测,2010年在国内兴起,各级政府部门、机关团体纷纷开通官方微博,政务微博成为对于深化体制改革、转变政府职能、促进社会公开公正、了解改善民生具有重要意义的自媒体。

笔者通过实际调研发现,与出版文化遗产保护相关的几家博物馆或相关出版机构对微博的使用,除了商务印书馆在新浪微博开始内测不久便开通了官方微博外,国家典籍博物馆、扬州雕版印刷博物馆微博开通时间都在2012年之后,中国文字博物馆、中国印刷博物馆注册之后没有运营,微博至今空白。分析发现,在出版文化遗产保护工作中对微博的使用存在的问题如下。

(一)对微博的传播特点缺少把握

首先,从互联网到移动互联网,微博搭上互联网科技发展的快车,成为受人欢迎的新媒体,其特点可以简短概括为"移动、海量、快速、碎片、读图、超链、互动"。通过访问商务印书馆、国家图书馆、扬州博物馆的微博可以看到,其微博内容大多是通过互联网发布,一个月中仅有两三条通过手机发布,由此或可判断其时效性和反应速度较为缓慢。

其次,微博的海量化信息使得一条微博发布后,如果当时不能引起网民的兴趣和互动,不用十分钟便沉入微博信息的洪流。从调查中可知,3家微博的评论和转发量与其他博物馆微博相比,非常惨淡。

再次,与微博140字的碎片化传播方式相伴随的是读图、超链时代的到来。3家微博中,商务印书馆和扬州博物馆微博一般为图文并茂,国家图书馆大多是链接话题而不配图片,由此也降低了微博吸引力。超链接的存在扩充了微博包含信息的容量,但在3家博物馆微博中也少有使用。

最后,转发量、评论量和点赞数量较低,与网民的互动较少。从另外一个衡量官方微博与网民互动的指标——官方微博对网民微博的转发调查发现,国家图书馆在一个月内对网民发布的微博是零转发,扬州博物馆和商务印书馆间或有转发,但也为数不多。

(二)对出版文化遗产的内容挖掘不够

中国是历史悠久的文明古国,在世界诸多文化体系中,中华文化绵延数千年不断。出版文化遗产从甲骨刻辞、青铜器铭文、竹简、帛书、石刻文字,到后来的纸质写卷、刻本,其数量之大,世所罕见。据初步统计,国内汉文古籍存世数量总数超过4000万册,品种约20万种。如何在现代让古代的文化焕发光彩,如何用现代语言诠释古老文化,传播是一种传承渠道。

调查中发现,5家博物馆/出版社在微博的使用中,对出版文化遗产的内容挖掘远远不够,其多是将微博作为一种消息的传播,而很少将出版文化遗产的内涵用现代的传播方式加以转换并进行传播。而事实上,作为传播的内容有很多,如每一件馆藏品都携带有古代的文化信息,如何在传播中将文化代码加以转换,使其更容易为现代人接受,这就需要深入了解微博的传播特点。

(三)对受众阅读习惯和接受方式缺乏了解

随着科技的发展和生活节奏的加快,如今的社会已经演变为一个读图和读屏的时代,与此同时,信息快速流动,多碎片化,这深刻地改变了人们接受信息的方式和阅读习惯。微博这一自媒体也正是在这样的时代背景下诞生和兴起的,无数的年轻一代接受这一自媒体并深刻参与其中。如若出版文化遗产保护主体不了解这一时代变化和受众的变化,势必在文化的传播中失去优势。通过上文调查发现,5个微博中除商务印书馆以及两家未使用外,其他两家更像是自说自话,虽然坚持每天发布内容,但是转发数、评论量、点赞数都较少,与网友互动不足。

二、微信使用中存在的不足

与微博的广场式的传播不同,微信的传播具有私密性特点,但是因为微信好友均为熟人,其分享的信息更容易被信任和接纳。调查发现,5家微信基本建设均较为完整,如微信头像、微信号设置、功能介绍、微信菜单建设相对完整,但是推送文章阅读量较低,点赞数量较少,对于微信的作用和功能没有深入开发,远远落后于其他行业对微信这一自媒体的使用。其使用中存在的不足如下。

(一)内容缺乏吸引力

调查中发现,除商务印书馆微信推送次数较多,阅读量较好外,其他4家博物馆的微信推送文章数量及阅读量均不容乐观,最重要的原因在于,其内容缺乏吸引力。事实上,微信的传播力量非常强大,文化遗产也非常具有吸引力,关键在于对文化遗产的挖掘和呈现。以"国家博物馆"微信为例,在2014年冬至推送的文章《千年唐饺,温暖话冬至》获得了10万次以上的阅读量。

微信绝不止于消息的传递,而且将文化内涵展示、传递给公众,吸引公众参与出版文化遗产的良好渠道。微信作为月活跃用户达到4.6亿的自媒体,人们每天热议的话题在这里讨论,微信公众号所推送的内容甚至在其中发挥着"意见领袖"的作用。不仅如此,在微信中可以发起活动,吸引公众的参与和互动。如何挖掘出版文化遗产的内涵,使其在微信这一自媒体平台上焕发光彩是需要进一步研究的。

(二)呈现形式不够精致

在呈现形式上,4家博物馆无论在标题的制作、图片的选择、图文版式上都有待提高。此外,微信公众平台具有良好的编辑器,不仅可以嵌入大量图文,也可以嵌入音频、视频和超链接。目前,还专门出现了一些专门针对微信的编辑平台,如秀米、KAMA、易企秀等,均可以使微信内容变得更具有吸引力。

（三）与其他行业的微信相比较为滞后

与中国南方航空、工商银行等微信相比，我们考察的5家相关文博机构及出版社的微信显得非常弱小。在中国南方航空的微信中，用户可以查看航班动态、预订机票，乃至办理登机牌；在工商银行微信中，可以查询账户明细和余额，乃至信用卡还款。这样的微信已经不止于信息的提供，而致力于提供服务，微信菜单的作用便在于此。"国家博物馆"微信在菜单中提供了微信语音导览的列表，回复相应编码，便能一边看展览，一边听讲解，实现自助导览。本章所查看的5个微信公众号也建立了相对完善的菜单，但多为信息的提供，而没有实用功能的推出。在这样一个自媒体发达的时代，出版文化遗产不能只躺在博物馆中做"大家闺秀"，而需要主动走出门来，做公众们尤其是年轻人的"小伙伴"。

第五节　如何发挥微博、微信等自媒体

在出版文化遗产保护中的作用

综上所述，出版文化遗产保护在自媒体，尤其是微博和微信的使用中，存在有不足和缺点，笔者对如何发挥微博、微信等自媒体在保护出版文化遗产中的作用有如下思考。

（一）充分认识自媒体的重要作用

信息时代的高速发展，自媒体的活跃度正逐渐超越传统媒体，成为社会热点的生发地和信息传播的制高点。出版文化遗产若要摆脱"藏在深闺人未识"的尴尬境地，在世代传承中延续其生命和意义，在新的时代焕发出文化价值的光彩，自媒体的使用便是很好的途径。而认识自媒体的重要性，是关键的步骤。只有认识其重要性，方能指导实践，致力于自媒体的运营，包括内容的策划、形式的呈现、互动的开展等。可以说，在当下社会，赢得了自媒体便是赢得了年轻人。

（二）加强出版文化遗产内容的挖掘

加强出版文化遗产的理论研究，深入挖掘出版文化遗产的文化内涵，积极宣传出版文化遗产的价值，引导公众对出版文化遗产的认知和热爱，并自觉投入出版文化遗产的行动中去。2009年，中国的雕版印刷术入选联合国非物质文化遗产代表作名录，2010年，活字印刷术入选联合国急需保护非物质文化遗产名录。目前，在中国，无论是物质的出版文化遗产，还是非物质出版文化遗产，文化价值的传播都是一块有待开垦的良田。传播的效果如何，与传播内容、传播方式、传播渠道都有莫大的关系。如何使古老的出版文化讲出动人的篇章，使公众愿意亲近和参与保护，有待多元化的文化遗产保护主体思考和实践。

（三）加大人、财、物力方面的投入力度

通过口头访谈得知，在自媒体的运营中，多数依托于各个机构的官网维护部门，自媒体的运营多为兼职。然而，运营好一个自媒体并非易事，它们虽然碎片化，但速度快、节奏快，在运营过程中不仅需要懂得自媒体技术，更需要对内容了如指掌。因此，这便需要为自媒体运营设置专人专岗，期间还涉及设备的投入，微博和微信等自媒体在iPad、安卓、IOS等多个终端上不尽相同。加大资金、人力、物力的投入，切实加强出版文化遗产保护的传播力度，从而更好地发展好、维护好、传承好文化遗产。

（四）吸取其他行业的使用经验，创新运营方式

自媒体的更新换代速度之快，可谓眼花缭乱，这就对运营提出了较大的挑战，不仅需要不断地学习新知识，还要注意向同行和其他行业学习，把握受众的接受心理和阅读习惯，对运营内容和形式进行创新，方能增强出版文化遗产的传播力和文化凝聚力。

（五）加强人才培养

人作为出版文化遗产保护主体使用自媒体背后的传播者，不仅需要了解出版文化遗产及其保护，而且需要了解自媒体的传播特点和使用方式、方法。不仅如此，还需要了解新闻传播规律，会写作，能编辑，会摄影、修图，会摄像、剪辑，可谓需要一个全能型综合人才。

第七章　作为出版文化遗产的版本及其版权信息价值探讨

出版文化遗产是从文化遗产保护的角度重新审视和评估出版在人类知识传播过程中所积累的成果及所形成的文化。自1954年联合国教科文组织通过《关于在发生武装冲突时保护文化财产的公约》以来，文化遗产保护已经在国际范围内取得了相当程度的共识，美国、法国、日本等主要发达国家在文化遗产的立法、价值评估和保护措施等方面积累了很多经验。近年来，中国有多个项目成功申报世界文化遗产，亦可看出文化遗产保护的热度。而出版文化遗产作为文化遗产的下位概念，虽然外延大为缩小，但在内涵上更侧重于知识文化传播的成果和技术工艺。从文化遗产保护的角来梳理和认识中国出版业的发展历史，探讨如何保护、管理和开发中国出版业文化遗产资源，在目前还是一个较新的领域。如果把目光聚焦到出版文化遗产的构成上，我们会发现版本占据着非常重要的地位。

第一节　版本与出版文化遗产

出版文化遗产在形态上可分为出版物质文化遗产和出版非物质文化遗产。版本是出版物质文化遗产的重要组成部分。具体而言，版本属于出版物质文化遗产中的可移动文化遗产范畴。有关学者为出版可移动文化遗产所下的定义为，"在科学、历史、艺术方面具有普遍的突出价值的、能反映中国出版史实的各种珍稀出版物、各种有代表性载体的出版品及其衍生相关物品、手稿、档案资料、印刷出版设备等物品"❶，其所列举的"出版物""出版品""手稿""档案资料"等，都具有版本形态。国务院于2005年发布的《关于文化遗产保护的通知》，在阐述"可移动文物"时，把"文献、手稿、图书资料"归为可移动文物。国家文物局为第一次全国可移动文物普查工作制定的《可移动文物信息认定登记表》中，详细列举了可被认定的可移动物质遗存，包括"历史上各时代珍贵的艺术品、工艺美术品"，"历史上各时代重要的文献资料以及手稿和图书资料"，把版本作为可移动文物普查的重点。在出版业，可移动文物主要是指出版可移动物质文化遗产，即重要的出版物版本。

在出版业非物质文化遗产领域，"中国雕版印刷技艺""中国活字印刷术""宣纸传统制作技艺"已经列入联合国《世界人类非物质文化遗产代表作名录》。雕版印刷和活字印刷是中国古代重要的出版印刷技艺，其成果反映在版本形态上则有雕刻本和活字本。

评定出版文化遗产的价值离不开版本，是因为版本与书写、刊刻、阅读、典藏等一系列出版文化活动密切相关。历史上许多著名的学者都非常重视版本，尤其强调精校、精刊，历代出版家、藏书家为搜求善本不遗余力。近代以来，出版的形态日益丰富，载体形式、开本尺寸、印制手段、版面形式、装订方式、字体字号、版次印次等，任何一个元素的变化都会形成不同的版本。正是版本的历史性、珍贵性、丰富性等特征凸显了出版文化遗产的价值。

---

❶赵春英,彭俊玲.出版业可移动文化遗产价值评定的思考[J].现代出版,2015(5):18.

第二节　版本的版权信息

出版物一经生产,就形成了版本,但版本并不必然刊载版权信息。版本刊载版权信息,是在印刷复制技术成为普遍应用、现代版权法确立以后而渐成惯例。由此,在现代出版史上,版权信息作为作者和出版者的权利主张,构成版本记录的基本信息,成为版本的不可或缺元素。

一、版本是版权价值的承载

通俗地说,版本是作品在出版或传播过程中形成的各种不同的出版物形态,而版权是指作者对其创作的文学、艺术和科学技术作品所享有的专有权利。《中华人民共和国著作权法实施条例(2013)》对作品的界定是指文学、艺术和科学领域内具有独创性并能以某种有形式复制的智力成果。作品自诞生之日起即有版权,而作品一经出版也就形成了某种版本。版权是一种私权,版本是一种实物。版权能够创造价值,包括作品带给作者的名誉价值和财产价值,带给社会大众的知识阅读价值等。但版权的价值要通过有形载体的承载才能被承认和被鉴定,必需要可供复制和传播才能实现商业价值,取得社会效益,其最后的表现形态为出版物版本。所以,版本是对版权价值的承载和延续,珍贵的版本可以体现版权创造成果的高贵品质。

二、版权信息的构成及其历史演化

在出版物上刊载版权信息,既是对知识创造者和传播者权利的尊重和保护,也是出版规范化、出版商业文化的体现。以书籍来说,版权信息一般刊载在版权页上,从版权页的著录体例可以看出版权信息的构成及其历史演化。

中国书籍版权页的雏形可上溯至宋代。宋人刻书,往往在书尾或目录后刻一牌记(墨围)。叶德辉在《书林清话》列举了宋刻书牌记的体例。详者,刊明出版意图、所依版本、出版者、出版机构、出版地点和出版时间等;略者,"其牌记不言事实,但纪年月"❶。"从宋元明清历朝使用牌记的情况看,牌记的发展经历了一个由简单到复杂、由单一功能到多种功能的过程。"❷中国现代意义上的版权页产生于1901年前后,至今已有百余年历史。1928年5月14日,国民政府颁布《著作权法施行细则》,其中第九条规定:"凡已注册之著作物,应于其末幅标明某年月日经内政部注册字样,并注明执照号数。"1930年12月16日颁布的《中华民国出版法》在第十六条中规定:"书籍或其他出版品,应于其末幅记载发行人之姓名、住所,发行年月、发行所及印刷所之名称及所在地。"1937年《修正出版法》第十八条又增加著作人姓名这一项。民国出版法律法规的颁布实施使得民国版本的版权页在著录项目上渐渐完备。

中华人民共和国成立后,书籍版权页的著录屡有变化,这种变化大多是由各种出版管理规定的颁布实施引起的。在1950年召开的第一届全国出版工作会议上通过的《关于改进和发展出版工作的决议》,明确规定要尊重著作权和出版权,指明:在版权页上,对于初版、再版的时间、印数、著者、译者的姓名及译本的原名称等,均应作忠实的记载。在再版时,应尽可能与作者联系,进行必要的修订。"1951年1月12日,中央人民政府出版总署发布《为出版翻译书籍应刊载原版权说明的通知》,规定自1951年起,出版翻译书籍要在版权页上刊明原著版权信息。1954年,中央人民政府出版总署颁布《关于图书版本记录的规定》,规定在版权页或适当地方必须有版本记载的10个项目。如果是翻译作品,还要加上4个项目。这一规定,起到了统一图书版权页记载项目的作用。1956年2月16日,文化部出版事业管理局发出《一九五六年四月一日起出版的图书一律加印统一编号》的通知。"文革"期间,中国版权法律制度建设基本处于停顿状态,但一些版权规则

---

❶叶德辉.书林清话[M].上海:上海古籍出版社,2012:116.

❷施勇勤.古书牌记的演变及类型[J].出版发行研究,2000(12):147.

仍在不完全地实施。例如,革命领袖的著作权得到尊重;出版社具有一定的版权所有意识和版权保护意识,大部分图书具有完整的版权标注项;对于外国作品的版权,原作者几乎都有署名等。改革开放后,对版权页著录起到规范作用的出版管理规定包括:1987年1月起,中国标准书号(GB 5795—86)代替统一书号;1990年,《图书在版编目数据》(GB 12451—90)规定版权页上端应排印图书在版编目数据(CIP);从1990年1月15日起,全国出版社开始重新登记注册工作,图书版权页上须加注出版社重新登记号,即"(地区)新登字×××号";1992年,中国分别参加伯尔尼公约和世界版权公约组织后,出版社的版权意识逐渐提高,图书版权页上的版权声明也更为详细。2002年8月1日,《中国标准书号》(GB/T 5795—2002)颁布实施,删除了"分类及分类种次号",采用国际标准书号作为中国标准书号。2007年1月1日起,中国标准书号由原来的10位升为13位。

上述由出版管理规定带来的版权页著录体例的变化,形成了现代版本的时代特色,为将来评估当代出版文化遗产的价值,提供了依据。

第三节　从出版文化遗产的角度看版权信息价值

前文已对出版文化遗产、版本、版权及版权信息之间的关系作了探讨。既然版本是出版可移动文化遗产构成的一大主体,那么在评价出版文化遗产的价值时,就必然涉及版本价值的评估,而作为版本构成元素的版权信息,其作用和价值是不容忽视的。

一、版权信息是判断版本价值的重要参考依据

现代版本的价值判断与古籍版本鉴定有一脉相承之处,比如都可从字体、版式、纸张、装帧、序、跋等方面来判定版本价值。古籍善本的"三性":历史文物性、学术资料性、艺术代表性,同样可用于衡量现代版本的价值。

所不一样的是,由于现代版本刊载了版权信息,为判断版本价值提供很大的方便。主要包括:①根据版权页上的版次和印次来判断版本价值。初版本的价值通常要大于再版重印本。如由朱笠夫编著的《二万五千里长征记》是迄今发现记述红军长征事迹单行本著作中最早的一个版本,其实物已是孤品。众多出版社和报社、期刊社成立后出版的第一本书或者创刊号,存世数量较少,流传不广,因而显得十分珍贵。②根据版权页的著录体例及其所标明的印刷时间可用来判断版本的年代。③以印刷机构和印刷时间等信息为辅助判断版本的印刷工艺。如石印技术最早传入中国是在19世纪30年代,则此前在中国出版的书籍基本不可能是石印本。④根据印数、定价等信息判断版本价值。物以稀为贵,某些少量印刷的内部出版物或革命文献,其版本无疑具有重要价值。⑤出版机构、作者、封面画作者、名家题词等署名信息也是判断版本价值不可忽视的因素。名家名作、精校精勘的版本就比普通版本更有价值。从另一个角度看,版权信息虽然为现代版本考证提供了方便,但不少书籍的版权记录比较混乱,如有的版权页上没有初版年月,或印错了初版时间,或一本书有两张版权页,或一本书出现了几个初版本等,这种复杂性使得在考证版本时,版权信息的参考作用显得更加重要。

二、版权信息在考证历史史实中有重要作用

版本既是知识的载体,也是历史的见证。有些版本,虽不见得是善本,但由于它能证明某个历史事实,是历史上"重要的文献资料",则其出版文化遗产价值就得以凸显出来。在这个过程中,版权信息具有佐证历史细节的作用。例如关于《共产党宣言》第一版的精确的出版日期,德国学者沃尔夫冈·麦泽尔从印刷史的角度,对版权页上的所有内容进行了严格的考证,认为《共产党宣言》的印刷日期是1848年2月23日。❶又如,历史上出版的

---

❶李军林.近十年来《共产党宣言》研究述评[J].史学月刊,2008(2):111.

第一版《毛泽东选集》是时任晋察冀日报社社长的邓拓在三个月内编出的，该书的版权页写着："编印：晋察冀日报；发行：晋察冀新华书店；定价：300元（边币）；1944年5月初版。"全书分5卷，现已成为韶山毛泽东纪念馆的镇馆之宝。这部书证明了邓拓实为编辑《毛泽东选集》的"第一人"。抗日战争时期，商务印书馆的书版大都毁于"一·二八"炮火，以后重印，版权页上一律注明"国难后"第几版，为那段特殊的战火岁月作了脚注。

三、版权信息反映版权发展史和知识传播脉络

版权页相当于一本书的身份证，是版本著录和书目编撰的依据。徐雁平在谈到现代选本时说："文学作品一旦印成了书，它本身在社会上就是一种独立存在，在历史的长河里载沉……而一本书的生命史就记录在版权页上。"[1]如果说一本书不同版本的版权信息体现了这本书的生命历程，那么一个时代出版的书籍的版权信息汇聚起来，就反映了那个时代的版权发展史、知识传播的脉络。

自中国现代意义上的书籍版权页诞生起，版权页可谓是中国版权发展史的缩影。从民国时期书籍版权"版权所存，翻印必究"的简单声明，到1992年中国参加伯尔尼公约和世界版权公约组织后，图书版权页的著录项目更加完备，版权声明更加详细，出版者版权意识日益提高，能够直观体现这一变化历程的就是版本的版权信息。

从知识传播史的视角看，版权信息从侧面反映了一个时代的出版特征。比如从图书的印数可以看出阅读的风向和时代特征；不同时期的版权信息著录体例有所不同；某一时代版本的单调与丰富，沉闷与活跃，反映出这一时代的政治和人文氛围。1949年以后的17年间出版的红色经典，"文革"时期出版的《毛泽东选集》和老宣传画，20世纪80年代文化阅读的"井喷"，到后来阅读出现分层，图书品种大规模增长，单品平均印数下降，中华

---

[1]徐雁平.现代选本也要讲究版本的选择和整理[J].编辑学刊,1996(4):76.

人民共和国出版史的这一基本脉络也可用版本的版权信息来印证。

　　总之,版本是出版文化遗产的重要组成部分,而版本的基本信息集中在版权页上,版权信息对于评估版本以及出版文化遗产的价值具有不可取代的作用。同时也要清楚,出版文化遗产的价值评估牵涉内容、印刷工艺、纸张、装帧等多方面因素,仅仅依靠版权信息并不能准确衡量其价值。

第八章　故宫文献典籍善本保护与利用

　　故宫收藏的古代典籍是中国乃至全世界珍贵的文献遗产,也是故宫学的研究内容之一。对本身作为世界文化遗产的故宫的研究,涉及政体、典制、礼仪、典籍、档案、建筑、珍藏等诸多领域,包含可移动和不可移动文物、有形与无形文化遗产。故宫前院长郑欣淼先生在阐述故宫学内涵时指出:"紫禁城宫殿建筑群、文物典藏、宫廷历史文化遗存、明清档案、清宫典籍及故宫博物院的历史六个方面,构成了故宫学研究的学科基本内涵"[1]。本章在着眼于认识故宫典籍出版印刷文化遗产价值的基础上,综述国内对故宫典籍研究的现有成果,从而对作为出版业文化遗产一个组成部分的故宫典籍的研究、保护与利用进行思考。

第一节　故宫典籍的出版印刷文化遗产价值

一、故宫藏书的历史源流

　　中国是世界四大文明古国之一,拥有极其丰富的文化典籍。中国藏书的四大系统,即官府(宫廷)、私家、寺观、书院藏书对保存中国出版业文化遗产做出了不可磨灭的历史贡献。尤其是宫廷藏书与私家藏书,两者互相

[1]郑欣淼.故宫问学·序言[J].出版史料,2009(4):64.

影响,互相促进,互相补充。而与变更频繁的私人藏书相比,宫廷藏书以其相对的稳定性、连续性、丰富性与权威性,对古籍的典藏起到不可替代的作用,例如,中国古代各封建王朝开国之君大多重视宫廷藏书建设,致力于搜求遗书,以显其稽古右文的文治之道;宫廷藏书,是历朝历代藏书之主体,其数量多、质量优;历朝历代均设立相应的机构对宫廷藏书进行管理,其保存条件最好,保存时间最长,一般至朝代的更替才有所流散(当然,私家藏书也有保存时间较长的,如范氏天一阁,但绝无仅有);图书一经入藏宫廷,其身价自升,为藏书家所竭力搜求;宫廷藏书为皇帝阅览、大臣编书与辅政服务,利用率高,利用者多,在国家治理、文化传播等方面起到重要的作用;与充满个人情趣的私人藏书活动相比,宫廷藏书的相关整理活动(包括校勘、刻书与编目等)体现了更多的国家意志,进而影响到整个时代的学术风尚。

追溯宫廷(官府)藏书的历史可谓源远流长。先秦时期,宫廷既有藏书,不过藏书不多,而且主要为官书档案。朝廷大规模地搜藏图书,是从西汉时开始的。西汉初年,大收篇籍,广开献书之路。朝廷藏书积如丘山,宫中设有石渠阁、天禄阁、兰台、石室等藏书之所。其后,刘向父子负责进行校勘整理,编成《别录》《七略》,成为宫廷藏书目录之鼻祖,也开创了中国古典目录学的先河。宫廷藏书之规制(包括管理与整理),于此时渐趋完备。此后历朝相承,在开国之初均大力搜求遗书,然后对其进行整理应用,编制目录。

明成祖迁都北京,下令将明初迁运南京的元朝宫中旧藏书籍运回北京,入藏文渊阁。清廷入关,定都北京,完全接收了明室丰富的宫廷藏书,经过康熙、雍正、乾隆百余年间的繁荣发展,开创了一个前所未有的文化盛世。清代宫廷书籍多达数十万册,宫中建立了文渊阁、昭仁殿、皇史宬、乾清宫等规模庞大的宫中藏书楼。清宫藏书之富,创下了中国宫廷藏书的纪录。清宫藏书成为中国封建社会末期最为完备而又最具特色的文化宝藏。"其藏书量之大,藏书地之多,内容之博,校勘之精,书品之佳,雕版技术之

高,装潢之美,利用之广,都超过了历朝历代。"●

故宫典籍汇集典藏于故宫博物院图书馆。故宫博物院图书馆是根据故宫博物院的性质和业务需要而设置的,在博物院众多部门中图书馆既是一个业务部门,又是一个为博物馆服务的专业性的特色图书馆。故宫图书馆以清宫旧藏明清古籍为主,是以清代皇室藏书为基础建立起来的文物博物馆专业性的图书馆。抗日战争时作为"古物南迁"的善本、珍本图书有1334箱约16万册古籍,其后被运至台北,从此,故宫所藏的皇家图书被分置两地。1949年以后,故宫博物院依据新定的全国善本古籍的收录范围和标准,对原存善本书进行了重新审定,鉴别真伪,剔除了劣本。经过精心甄别,有善本书2600种、10万余册被列入了《全国古籍善本总目》的第一批书目中。古籍图书有清内府刻本(殿本),抄本,明、清坊刻,家刻本等珍贵版本。内容以史志、天算、金石、书画、佛经和历代诸家文集为主。除大量汉文书籍外,还有一批满、蒙、藏、回文书籍。其藏书是中国现存古籍图书中的重要组成部分。这些书籍与迁台的古籍同为中国文化遗产的精华。

中国的文明史之所以没有像其他文明古国那样中断,主要的原因之一就是文字的力量、儒学的力量。典籍文献的留存与传播贯穿了中国文明历程。越积越厚的典籍文化遗产超越千百年的时空延续着中华文脉。台北"故宫博物院"图书馆专家向斯在他的《书香故宫》自序里充满激情地抒发:"翻开那些纸质并未变黄,实在墨香犹在的宫廷钞本的时候,你会觉得,历史并不遥远,皇宫生活往事好像就是昨天,仿佛伸手可及。"❷

二、故宫典籍文献的出版印刷文化遗产价值

故宫典籍所承载的出版印刷文化价值体现在物质文化遗产和非物质文化遗产两方面。尤其是武英殿印刷出版的"殿本"、印刷过程中制作使用的聚珍版木活字铜活字以及经过改进前人印刷技艺而形成的活字印刷技艺

---

❶齐秀梅,杨玉良.清宫藏书[M].北京:紫禁城出版社,2005:4.

❷向斯.中国宫廷善本·书香故宫[M].台北:台北实学社,2004.

等,成为中国古代印刷出版文化的集大成精粹,值得后人重视并传承的印刷出版文化遗产。下面即以武英殿刻书印书以及《钦定武英殿聚珍版书》的印制成果及其印刷技艺为例阐述故宫典籍的出版印刷文化遗产价值。

清内府藏书,刻书之精之富,成为康乾盛世文化繁荣的标志之一。清代宫廷的出版机构设立于康熙十九年(1680年),由内府统办的武英殿修书处作为内府刻书重地。以后历经康雍乾盛世,集编、印、发于一身的武英殿发挥了重要的文化积累与传播的历史功能。

武英殿是紫禁城外朝西路的正殿,初建于明永乐年间(15世纪初),作为皇帝斋居和召见大臣之处。明末农民军攻入皇宫,许多宫殿被焚,而武英殿仍完好。清兵入关后,摄政王多尔衮也将武英殿作为理事之所。清初,武英殿往往作为皇帝的便殿,举行小型朝典。自清康熙朝,武英殿始开书局,乾隆朝,武英殿作为皇家出版地,刊印了千余种精美的珍本图书,世称"殿本"。武英殿修书处依靠清宫内廷,以雄厚的人力、物力、财力以及帝王的支持,刊刻的大量精美的图书无不校勘细致精审、书法绘画秀美、雕刻刀法精湛、所用纸墨精良,装潢极为讲究,可谓集富丽、精工于一身,在中国乃至世界印刷史上有着相当重要的地位。同治八年(1869年),武英殿遭火灾焚毁殆尽,同年重建。

乾隆三十八年(1773年),在编纂《四库全书》时,清高宗弘历因《四库全书》编修告成的时日太长,即命儒臣校辑《永乐大典》中的散简零篇和世所罕见的宋元善本,先行刊印流传。因数量大,刻版所需时间长,耗费人力、财力,当时武英殿主持刻书事务的四库馆管事金简提议仿照元代王祯所创的木活字法印书,乾隆皇帝御批同意。乾隆三十九年(1774年)刻成25万余枚活字,排印成书后,乾隆皇帝认为"木活字"的名称不雅,改称"武英殿聚珍版"。

《四库总目提要》记载:"金简实司其事,因枣梨繁重,乃奏请以活字排印,力省功多。得旨俞允,并锡以嘉名,纪以睿藻。行之三载,印本衣被于天下。金简因述其程式,以为此书。"金简著有《钦定武英殿聚珍版程式》一书,记述印造经过,内容详备。以后各地仿效,有14个省用木活字印书,以诗文集居多。其他如绍兴府、常州府、徽州府等地的几千种家谱,多为木活字本。木活字印刷术自此在中国古代盛行,仅次于雕版印刷。

乾隆四十一年(1776年),颁发聚珍版于东南各省,并准所在锓木通行。先后承命开雕者有江宁、浙江、江西、福建等地。这些仿聚珍版刻印的书籍,通称为"外聚珍",而将武英殿聚珍版称为"内聚珍",以示区别。武英殿聚珍版印刷技艺推动了清代印刷出版水平的提高,对清代文化传播做出巨大贡献。

聚珍版程式所记述的活字印刷技艺如下:

(1)成造木子:①制木条;②平准木子厚度;③平准木子;④木子检验。

刻字。

(2)字柜及其他用具的制作:①制字柜;②造槽版;③制一分通长夹条;④制半分通长夹条;⑤一分长短夹条;⑥制半分长短夹条;⑦制顶木;⑧制中心木;⑨制类盘;⑩制套格。

(3)摆书。

(4)垫版。

(5)校对。

(6)刷印:①印套格;②刷印。

(7)归类。

(8)逐日轮转办法。

金简《钦定武英殿聚珍版程式》中所记载的木活字制作及印刷技术,比王祯的《造活字印书法》更为详尽、严密、科学,在工艺规范、技术路线、生产调度中显现出前所未有的严谨、科学与规范,这是活字印刷术接近顶峰的表现。这部杰出的木活字印刷文献不但为研究中国的活字印刷技术史提供了最为详尽的材料,而且体现了18世纪中国印刷工场的标准化生产与质量控制等方面的整体管理水平。木活字印刷术在清代应用甚广,尤以武英殿最为辉煌。前后共刻制253500个大小枣木活字,印刷《武英殿聚珍版丛书》138种,2300多卷,为历史上制造木活字数量最多、印书最丰巅峰之作。

　　在中国古代印刷史上,宋代毕昇发明了胶泥活字印刷,元明时期,木活字和铜活字也相继出现,康熙雍正年间,曾用铜活字刊印《古今图书集成》,积累了用活字印刷大型图书的经验。而大规模木活字印刷,仅有《钦定武英殿聚珍版书》。金简撰写的《武英殿聚珍版程式》一书,总结了"刻木有法、藏庋有具、排校有次"的原则,图文并茂地说明了木活字制作、刊印的全部过程。该书亦收入《钦定武英殿聚珍版丛书》中,成为木活字印刷的珍贵史料。从印刷史而言,它是唯一一套能够代表中国木活字印刷技术的大型丛书。以上特点,奠定了《钦定武英殿聚珍版书》在古籍善本领域的显赫地位,成为古籍收藏的热点。在古籍原典研究、版本研究、中国印刷出版史研究等诸多领域,它的意义和价值也越来越被重视。

　　《钦定武英殿聚珍版书》刊行200多年来,命运多舛,大多流散。因其巨大的文献价值、版本价值,海内外多有出版之呼声,不过皆因规模巨大,耗资颇费,底本流散,全本难觅而难成。时至2012年,为古籍守护之责任、文化传承之使命,故宫出版社、三希堂藏书综合当下本书存储实况,选取保存其原始面貌最可靠者北京故宫博物院藏本为底本,藏本尚缺六种自复旦大学图书馆、天津图书馆所藏"内聚珍"藏本补配,原大影印,并按原样分为236函1413册。意在追溯原物风貌,严谨再现殿本精华。因本书依循四部分类之法归纳,138种图书据此合为一脉,故依当下图书命名之法,将影印出版物命名为《钦定武英殿聚珍版丛书》。影印版《钦定武英殿聚珍版丛书》由故宫出版社、三希堂藏书历时两年精心打造,是中华古籍刊行史上唯一一次大规模木活字运用。该书出版具有很高的学术价值和版本研究价值,也是一项成功的出版业文化遗产保护与开发工程。

　　故宫典籍中在印刷出版方面的最精华体现为《宫廷御览图书》。据故宫藏书研究专家向斯研究总结,《宫廷御览图书》的主要特征有以下几方面。

　　第一,字体精美,纸墨考究。就字体而言,清初仍沿袭晚明经厂刻书采用的仿宋字和楷写赵字。康熙年间,仿宋字型日趋横轻直重的长方形,时称"方字"或"硬体字"。还有盛极一时的仿唐欧阳询的楷写体,时称"欧字"，多由江南的写刻高手秉笔操刀，整齐划一，端秀清丽。特别是康熙四十年（1701年）以后由扬州诗局、苏州诗局承刻的书籍更是独具一格，时人誉之"康版"，并被认为在宋版之上。扬州诗局承刻的《全唐诗》为欧字古籍的优秀代表，《佩文韵府》则是宋字古籍的精品。

殿版书所用的纸、墨也极考究。以呈览本、陈设本为最精。纸质坚韧细密，墨色漆黑，香气怡人。顺治时多用棉、麻纸；康熙时则用开化纸、台连纸、白棉纸、榜纸等；乾隆时多用开化纸、开化榜纸、宣纸和连史纸等，或洁白如玉，或色如金粟。开化纸是宫廷印书的首选纸张。另罗纹纸、玉版宣纸、太史连纸也时有使用。乾隆年间曾用仿金粟山藏经纸及宣纸、竹纸等。用墨则是上等松烟徽墨，另加银珠、白芨水、雄黄等配料，精心调配，使墨色经久不褪，黑亮如漆。至于颁赏和通行书，则多用粉连纸、毛太纸，用墨也非上等徽墨。

第二，版画插图繁缛精细。在印刷技术上，清殿版以铜、木活字和多色套印、版画插图最为突出。宫廷刻书中附版画插图多系名手绘刻，形成了清代"殿本"版画艺术的特有风格，在清代版画史上居有重要位置，如康熙五十二年（1731年）刊刻的《万寿盛典初集》120卷，全图描绘江南十三府戏台及福建等六省灯楼诸景。人物密致，点缀繁缛，反映了清初太平盛世的景象。《古今图书集成》也附有极好的版图，构思新颖，富于变化。刻于乾隆三十一年（1766年）的《皇朝礼器图式》书中字体皆用馆阁体手书上板，字体端庄秀丽，为典型的清中期写刻本体貌；全书附图数百幅，极为精细；刊刻更是一丝不苟，将乾隆朝内府版画繁缛精细、线条柔丽的风貌展露无疑。完成于乾隆二十九年至三十四年间（1764—1769年）的一组以战事为题材的铜版画《平定准噶尔四部得胜图》16幅最为著名，是一组融合中西画法的艺术精品。此外《授认广训》和光绪时刻的《养正图解》《承华事略》等也皆精细、考究。

第三，装帧奢华至极，体现皇帝喜好。清代书籍的装帧在全面继承明以前传统的基础上，逐渐形成了清代宫廷装帧艺术的鲜明特色，在中国古代书籍装帧史上有着光辉的一页。由于装潢规格都由皇帝决定，加之优越的物质和技术条件,在装潢呈鉴本、陈设本书籍上,不惜工本,出现了不少精品。清初仍沿袭明内府装帧的风格,包背装居多,粗犷古拙,如满文辽、金、元三史和汉文《资政要览》等。康雍时期,统治者有较高的文化艺术修养,崇尚典雅、端庄,书籍装帧也趋向于此,精品颇多,如《万寿盛典初集》《古今图书集成》《佩文韵府》《四库全书》《御制诗集》等各具特色,极为奢华,形成了锦绣富丽的风格。

内府书籍装帧以四眼和六眼包角穿订形式为主,也有包背装、蝴蝶装、经折装、梵夹装、册页装、推篷装和卷子装等。封面多饰以各色绫、锦、绸、缎、绢、布等面料,有的则用各色笺纸。书册之外大都配有各式书套、夹板、盒、匣、箱、柜或单、夹、棉包袱等。制作套、夹的原料有紫檀木、楠木等,也有的用金、银、铜等金属材料。色彩上有严格的等级差别,其中,以明黄色最为尊贵,呈鉴本多饰此色面料;镶黄、红色次之,大多用于陈设本;瓷青、湖蓝、古铜色等多用于文集、杂著,书册和函套、书箱、书匣的装裱制作都异常精致。书口栏线整齐划一,裁切、打磨光整,做工、配料极为考究,富丽堂皇,精美绝伦,具有很高的工艺水平和观赏价值,为中国古代书籍装帧史上的最高水平。但由于书籍装帧的规格和做工用料都由皇帝钦定,工匠们受到严格限制,所以各种书籍装帧无不渗透着皇帝的艺术情趣。

第二节　故宫博物院对故宫典籍的研究与开发利用成果

最近10多年来,故宫博物院在宫廷典籍的研究和展览方面有了重大进展。2005年,院级研究项目《清宫藏书》完成并出版。2005年以展示善本图书为主的"盛世文治——清宫典籍文化展"在武英殿开幕,从皇室藏书、清帝读书、官府编书、御书装潢、宗教典籍、内府刻书等六个方面展现了康雍乾时期的书籍编纂与刊刻活动。

2006年12月,由澳门艺术博物馆、故宫博物院等合办的清代宫廷典籍文化艺术特展在澳门开幕,这是故宫博物院首次在院外以宫廷典籍为中心的展览。

2007年7月至年底,故宫博物院从馆藏善本中精选了清内府本249部,结合有关书画、档案及相关实物,在武英殿举办"天禄珍藏——清内府书籍精华展",同时召开了"天禄珍藏——清宫内府本三百年:第一届清宫典籍国际学术研讨会"。

2008年5月,武英殿又举办了殿本精华展和清宫藏民族语文辞典展览。"尽善尽美——殿本精华展"以武英殿刻书事业的发展为主线,精选各个时期具有代表性的殿本40种,按古籍的传统文化内涵分为"经籍举要""史籍管窥""子集通览""丛类选萃"四个单元,展示了清朝宫廷文治活动的过程和成就;"同文之盛——清宫藏民族语文辞书展"遴选40种民族语文辞典佳作和相关皇帝画像,分为"多种体例辞典""皇帝敕修辞典"两个单元,讲述了清朝政府"同文之盛"的政策倡导下,清代民族语文辞书继承发展古汉语词典学的成就。这是故宫博物院举办的首次以民族文献为主题的专题展览。

2013年7月,故宫博物院又成功召开了首次"宫廷典籍与东亚文化交流"国际学术研讨会,不仅梳理中国所藏宫廷典籍的流绪,揭示中华文明的传承性,同时重视境外所藏中国古籍的相关内容与其研究成果,建构了较为宏观的研究领域。

故宫的学者们对于故宫典籍的研究成果也令人瞩目。如翁连溪、向斯、朱赛虹等工作于故宫图书馆的专家对于清宫藏书的专业性研究著述颇丰。历史学出身的章宏伟以扎实的史学功底著述《故宫问学》,他坚持从第一手材料出发,做考据文章,依据档案文献实物重做考量。❶《故宫问学》一书中多篇文章如《故宫博物院藏〈嘉兴藏〉的价值——从〈嘉兴藏〉学术研究史角度来探讨》《清代前期的满文教育与满文出版》《扬州诗局刊刻〈全唐诗〉研究》《〈清文翻译全藏经〉书名、修书机构、翻译刻印时间考》《〈四库全书〉与文渊阁》《〈清内府刻书档案史料汇编〉序》等,对故宫的珍贵典籍和出

---

❶章宏伟.故宫问学[M].北京:紫禁城出版社,2009.

版历史进行了深入研究。

自从故宫前院长郑欣淼先生于 2003 年 10 月提出"故宫学"以来，关于故宫的理论研究包括关于清宫藏书的研究逐渐趋于活跃。郑欣淼先生谈到故宫学与紫禁城研究关系时论及有必要研究"清宫所藏丰富的典籍与建筑的关系，如专建文渊阁存贮《四库全书》，利用武英殿存贮殿本书，昭仁殿集中宫中的善本，匾额为'天禄琳琅'，摛藻堂专贮《四库全书荟要》，养心殿专贮《四库全书》未收之书的《宛委别藏》。清宫最有名的修书处武英殿仍矗立在它的原址"。我们可以从中思考作为出版业文化遗产的故宫典籍与作为世界文化遗产的紫禁城的整体文化遗产内涵与价值。

第九章　从出版文化遗产保护角度看
中国近代报刊的积累与开发

第一节　中国近代报刊的出版情况

报刊是信息传播与知识生产的重要工具,在近代中国历史剧变和社会变革中扮演了重要的角色。百年以来,中国近代报刊的主要角色是救亡图存,并依次围绕"启蒙、革命与追求国家现代化"而展开。❶在这个过程中,经历了"外文出版的报纸和杂志开始出现在中国沿海地区的洋人社区",到"中文期刊由传教士出版,随后又为外国政府所出版以维护其事业的利益",最终在"世纪的后半叶,调整和改革开始创造新的条件,这意味着一种新的中国报刊"的复杂历程。❷这也恰好印证了在中国近代出版史上,从教会出版的独步天下,到洋务运动时期教会与官办新式出版的并存,再到清末新政时期并一直延续整个民国时期的多元格局下的民营出版主导地位的出版主体的变更。❸由此可以看出,中国近代报刊作为中国近代出版历史的重要组成部分,随着近代中国历史的变迁,具有阶段性特征,并伴随不

❶李金铨.文人论政:知识分子与报刊[M].桂林:广西师范大学出版社,2008:1.

❷白瑞华.中国近代报刊史[M].苏世军,译.北京:中央编译出版社,2013:32.

❸吴永贵.中国出版史(下册·近现代卷)[M].长沙:湖南大学出版社,2008.

同的政治运动而发展壮大,因此的确可以将中国近代期刊出版历史本身作为时代政治、文化潮流的感应器。

从中国近代报刊的数量上来看,虽然确切数字难以统计,但从已知的情况来看,其规模也是异常巨大的,作为研究中国近代历史的重要史料,中国近代报刊学术价值和文物价值是显而易见的。

《全国中文期刊联合目录》(增订本)收录了中国50个省(区、市)级以上图书馆所藏1949年前出版的中文期刊近20000种,如若算上还未统计在内、散落各地的短刊、断刊,近代期刊数量可能远远超过20000种。近代期刊的收藏,以上海图书馆为最多,另外,国家图书馆、广东省立中山图书馆、南京图书馆、北京大学图书馆等数量也较为可观。❶根据上海图书馆近年来的不断的共建共享和馆际合作,近代期刊的数量已达25000余种。

而报纸的统计则更加模糊和困难。据《解放前中文报纸联合目录草目》(北京地区部分图书馆藏)统计,收录北京地区主要图书馆的1949年前中文报纸达1000多种。而《上海市报刊图书馆中文报纸目录》(1861—1958年),共收录中文报纸2085种。而据1982年出版的《上海图书馆馆藏中文报纸目录》的最新统计,上海图书馆收藏的1949年前的中文报纸,经过历年来不断增补,已经达到3500余种。因此,仅根据两地的统计,近代中文报纸的数量保守估计已有4500余种。

外文报纸的数量规模虽小,但涉及英语、德语、俄语、日语等不同语种,刊载的历史信息也相当丰富。熊月之在《上海通史·晚清文化》一书中统计,1911年以前,在中国境内共出版过136中外文报刊;❷方汉奇在《中国新闻事业简史》中强调,从1815年到19世纪末,外国人在中国一共创办了近200种中外文报刊❸;单据上海图书馆1977年编撰的《上海图书馆藏外文旧报纸目录稿》,徐家汇主要就藏书楼收藏的各种旧报纸进行了详细清点,共92种。

---

❶详细统计可参考:杨敏.民国期刊数字资源建设现状研究[J].图书馆学研究,2013(12):43-46.

❷熊月之,张敏.上海通史·晚清文化[M].上海:上海人民出版社,1999:41.

❸方汉奇.中国新闻事业简史[M].北京:中国人民大学出版社,1983:6.

由以上的粗略统计可以想见,中国近代报刊的数量保守估计应有近30000种。数量如此巨大的近代报刊,作为研究历史的重要史料,承载的时代痕迹和历史信息是相当丰富的。从图书馆发展历史来看,过去图书馆收藏的珍稀文献主要以古籍为主,对于近代文献的重视远不及古籍。但随着近代出版的变化与发展,近代报刊在历史变革与信息传播中发挥了不可替代的作用,因此,近代报刊的收藏也得到了图书馆的重视。在中央公园图书阅览所民国七年(1918年)、民国八年(1919年)年终工作报告中就曾叙述到,各种月刊杂志,最能开拓知识,增广见闻,供诸阅览,裨益良多。因此,国内一切杂志月刊,倘有发行,尤必争先订购,经费即或不敷,亦可摊派分期,总期旁搜博采,俾臻完善。❶正是在这样的背景下,现存数量巨大的中国近代报刊才成为几与古籍同样珍贵的文献资料,是文史研究者探索中国历史的必用史料和重要支撑。

第二节　中国近代报刊的主要源流与收藏

中国近代新闻事业发展史与西方势力的强势进入密切相关,近代中国最初创办的报刊大多局限在沿海一代,以广州和香港为中心,这些地区最早受到西方势力的影响,因此近代报刊也不断涌现。

随着中国大门逐渐被迫开放,特别是上海开埠后,迅速发展,为新兴出版业提供了技术革命的动力,各种新式印刷机械和印刷方式被先后引进。同时,众多读书人云集上海,形成了新型知识分子群体,为上海报刊的创办奠定了人才基础,另外,上海租界存在着政治控制和文化管理方面的缝隙,思想和言论自由在这里得到一定的保护。因此,在这样的土壤上,上海近代新闻事业迅速发展,并成长壮大为中国近代出版中心,中国近代报刊业发展的地理中心也随之转移到上海。随着西方势力不断深入内地,各地方省份也相继涌现报刊创办的高潮,中国近代报刊的出版伴随着西学东渐的

---

❶李希泌,张椒华.中国古代藏书与近代图书馆史料[M].北京:中华书局,1982:277-278.

历程,由东南沿海不断向内陆地区扩散。❶

一、东南沿海地区中国近代报刊源流与收藏

在前近代或者近代早期,以香港、澳门、广州为中心的沿海一带,最先受到西方势力的侵扰和影响。如中国新闻史上的第一份中文近代报刊《察世俗每月统记传》就是英国传教士于1815年在马六甲创办的。因此,有学者也论述到,中国近代新闻事业的诞生于发展不是在中国古代报刊的母体里进行的,而是一种从西方引进的舶来品,仿自外国人在华创办的报刊。❷而这种发端,即在东南沿海一带。

中国境内的近代报刊,最早是由葡萄牙人在澳门创办的,如早期的葡萄牙文报刊《蜜蜂华报》《澳门报》等,以及后期的中英文报刊,如《杂闻篇》《传教士与中国杂报》,都是当时信息传播的重要渠道。从制度层面来看,由于长久以来实行的十三行制度,广州是中国在鸦片战争前唯一准许外国人长住并进行贸易的城市,因此,中国近代中英文报刊也较早地在此萌芽和发展。如《广州记录报》《广州周报》《中国丛报》《东西洋考每月统记传》等,这些中英文报刊虽然初期以阐发基督教教义为主,但随着社会形势和经济发展的变化,宗教色彩逐渐转淡,更注重政治时事、经济信息等的刊发,使得报刊的新闻传播色彩更趋浓厚。与此同时,鸦片战争后,中国割让香港岛给英国,英国伦敦布道会将设在马六甲的英华书院转移到香港,由此开始在香港创办报刊、传播教义的过程。1853年,英国传教士麦都思创办《遐迩贯珍》,为香港最早的中文刊物,在中外贸易逐渐繁荣的香港,一大批中文商业报纸也随之崛起,如《香港中外新报》《香港华字日报》等。这些具有近代意义的现代报刊,为国人的出版活动提供了样本与示范,对中国近代新闻事业的现代化颇具影响。

东南沿海一带对于内地辐射毕竟有限,因此,随着西方势力的逐渐深

---

❶关于中国近代报刊的地域分布变化,可参考:姚琦.中国近代报刊业的发展与百年社会变迁[J].社会科学辑刊,2001(6):122-127.

❷方汉奇.中国新闻传播史[M].北京:中国人民大学出版社,2009.

入,特别是上海开埠之后的飞速发展,中国的出版中心随之转移,国人办报随着政治运动的风云变幻也随之掀起高潮。澳门、广州、香港等地的报刊出版虽然仍在继续,但显然已经不是出版中心所在。但这些近代早期出版的中外文报刊,有些虽然已经散失,但保留下来的,分散在澳门中央图书馆、澳门大学图书馆、香港中文大学图书馆、广东省立中山图书馆等地,成为珍贵的出版文化遗产,值得我们进一步保护与研究。

二、上海图书馆中国近代报刊源流与收藏

上海图书馆是收藏中国近代报刊最多的单位,这与该地区长久以来形成的藏书传统以及近代上海的出版事业的飞速发展有密切关系。上海开埠后,各种书馆纷纷建立,近代外文出版事业兴起,导致上海比其他地区的外文文献数量有较大优势。据统计,到甲午战争以前,外人在沪办的出版机构共22家,这还不包括出版少量书籍的报馆。●

同时,中国图书馆事业也发轫于晚清时期,各种不同类型的藏书机构或者图书馆开始出现,特别是清末十年被称为公共图书馆运动时期●,上海地区图书馆的发展在其中扮演了重要角色,是近代中国百年图书馆历史变迁的印证。如工部局图书馆、亚洲文会北华支会图书馆、徐家汇藏书楼、上海市图书馆、合众图书馆、鸿英图书馆、明复图书馆等公共图书馆和私立图书馆的不断涌现,使得民国时期的各类馆藏基本上完整地保存了下来。

中华人民共和国成立后,上海藏书界发生了翻天覆地的变化:对旧图书馆事业进行接管,同时政府开始着手创建人民图书馆并对旧馆馆藏进行重新组合。尤其是"四馆合并"之后,这些珍贵的馆藏文献,其中包括大量的近代报刊,特别是鸿英图书馆和徐家汇藏书楼收藏丰富的近代报刊,最终汇集到了上海图书馆,成为其馆藏之最初源头。经过数十年的积累与丰

●陈昌文.都市化进程中的上海出版业[D].苏州:苏州大学,2002:38.

●程焕文.百年沧桑 世纪华章——20世纪中国图书馆事业回顾与展望[J].图书馆建设,2004
(6):1-8.

富,目前中国近代报刊的数量已近30000种。

三、京津地区中国近代报刊源流与收藏

北京作为政治中心,也是近代知识分子的集中之地,官方角色在北京历代出版史中都占据重要地位。但自晚清以来,在时代大变革的影响之下,北京虽然不是出版中心,但因处在政治变革的中心,交通也较为便捷,使得众多出版物能够迅速在该地区流通。同时,北京作为新文化运动的发源地,涌现出了新潮社、北新书局、平民数据等一批新型出版机构,此外,北京大学、燕京大学、清华大学等大学从事学术书刊的出版。这一时期,也因之出现了一大批出色的近代报刊,如《中西闻见录》《甲寅》《京报》《世界日报》《新青年》等。

因此,现在的中国国家图书馆、北京大学图书馆等收藏的中国近代报刊的数量也是极为丰富的,如中国国家图书馆收藏近代期刊有10000余种,且有4000余种已经数字化,读者可通过读者证登录免费查看这些免费民国期刊。北京大学图书馆的近代报刊的藏量也非常丰富,晚清至民国期间报刊达10000余种,旧报纸600余种。

天津的古代出版业的功绩乏善可陈,但随着近代天津的开埠,特别是洋务运动以天津为主要的活动阵地,带来了天津近代出版的春天和高潮,涌现出《大公报》《益世报》《北洋官报》《天津商报》等五六十种报纸,以及《星星》《天津漫画》《国闻周报》《野草》等重要期刊,造就了报馆出书形成特色的天津出版业。

以上对中国近代历史上几个重要出版地区作了简单的梳理和阐述,当然,其他地区,如重庆、湖北、云南、浙江、江苏等地区的近代报刊出版也是相当丰富的,在此不再赘述。由以上的撰述可以看出,中国近代报刊的出版地域经历了从东南沿海到上海,最后辐射全国的变化;出版主体由教会出版到官方出版,最后以民营出版为主导的中心转移;出版文化始终围绕政治运动与局势变迁,如鸦片战争时期的经济贸易、维新运

动时期的维新派报刊、新文化运动时期的新报刊阵线、抗日时期的革命报刊等。

在这个过程中,民间力量与官方介入对于近代报刊的出版、积累以及后期的收藏都有重要贡献,因此,即使经历多次战乱,这些珍贵的出版文化遗产的大部分仍得以保存,并被不同的图书馆和相关机构收藏,最终在图书馆事业的重组下进行了再一次的整合和汇集,形成今日的中国近代报刊的收藏版图。

第三节　中国近代报刊的保护与开发实践

中国近代报刊作为出版文化遗产的重要组成部分,对其进行保护的初衷是为使文献免遭自然的和人为的损毁,延长文献保存期限和文献的使用价值,并为时代文化提供最直接的实物依据。而这些报刊的利用是要采取各种方式扩大文献的影响,尽可能多地利用文献,将其使用价值最大化。也就是说保护与利用的共同之处在于,它们面对的皆是报刊的使用价值,而它们的差异则在于使用价值的侧重点,一个要延长价值,一个要扩大影响。

文献频繁利用就意味着文献多次损耗,这与文献保护的初衷相矛盾。如何消解矛盾,实现文献保护与文献利用和谐共存? 只有通过复制才能够实现文献保护与文献利用最终融合。文献印刷再版、文献数字化则是当前常用的文献复制手段。同样都是复制,两种方式形成的最终产品则会以不同形态出现。印刷再版将遵循文献的原始风貌,利用当代印刷技术呈现的纸质出版物。文献数字化的最终产品则是能够存储海量信息的数据库,为专业研究提供的虚拟数字产品,最终以光盘或网络登录的方式提供。

以下笔者将着重从印刷再版与文献数字化两方面阐述各图书馆和相关机构对于中国近代报刊在保护与开发方面的实践,以期对平衡保护与利用的矛盾提供一些借鉴。

一、索引工具书的编制

在报刊还未开始数字化的时代,面对浩瀚的中国近代报刊资料库,如何有效快速地查找所需的材料是研究者遇到的重要难题。因此,编制索引工具书成为当时寻找有效信息的捷径。根据学者研究表明,中国报刊索引的编制最早可追溯到20世纪20年代,以《时报》索引开报刊索引之先河。❶可见,索引工具书的编制具有相当长的历史。

从现存的中国近代报刊的索引工具书来看,主要可分为以下几种类型:专题性的索引工具书,如《申报索引》《时报索引》《〈东方杂志〉总目》等;综合性的索引工具书,如《1833—1949全国中文期刊联合目录》《中国近代报刊名录》《解放前中文报纸联合目录草目》等。这些索引工具书内容包括馆藏信息的索引和篇名信息的索引,使用者可两者结合,较为便利地找到所需的研究信息。这从一定程度上减少了研究者需要不断翻找原始文献的过程,既能较为快速地提供查找文献内容,对珍贵馆藏也起到了保护作用。但由于研究者还是需要通过原始文献的近距离接触才能获取信息,所以仍然无法完美解决利用和保护之间的矛盾。

二、中国近代报刊的影印出版与缩微复制

为了提供研究者接触原始文献的机会,同时也有效地保护珍贵报刊,重要报刊的影印出版和所谓复制是重要的途径。

随着中国近代报刊的重要研究价值逐渐得以重视,其使用频率也随之提升。但是有些重要报刊破损或者馆藏数量少,为珍稀文献的前提下,对其进行影印出版,提供研究者使用,同时也是较好地保护珍稀文献的重要方式。目前,许多经常使用的报刊已经影印出版,如《申报》《大公报》《中央日报》《民国日报》《东方杂志》《强学报》《格致汇编》等。这些报刊更好地还原了文献的原始面貌,同时也对珍稀的近代报刊提供了更好的保护。

同时,对中国近代报刊进行所谓的拍摄,具有保真度高、体积小、收藏

---

❶倪俊明.近现代报刊的史料价值及其保护和整理[J].图书馆论坛,2010(6):230-237.

方便等特点,是报刊文献的整理和再生性保护的重要形式。因此,1985 年中国成立了全国图书馆文献缩微复制中心,全国重要的图书馆,如国家图书馆、上海图书馆、南京图书馆等,针对各家馆藏的近代报刊、图书馆、古籍善本等珍稀文献进行了缩微拍摄,以实现重要文献的保护和利用。根据全国图书馆文献缩微复制中心截至 2013 年年底的统计,缩微中心共抢救各类珍稀濒危文献典籍和报刊 141736 种,其中古籍善本 31806 种,报纸 4390 种,期刊 15232 种,民国时期图书 90308 种。❶

由上可知,进行报刊的影印出版和缩微复制,对于索引工具书的编制而言,更好地解决了出版文化遗产的保护和开发之间的矛盾,在探索和平衡这对矛盾的过程中更近了一步。

三、中国近代报刊的数字化

随着扫描技术、计算机技术和互联网世界的飞速发展,中国近代报刊的数字化成为继缩微复制后,发展最为迅速的文献开发方向。一方面,能最大限度、较其他手段最为快捷地提供信息;另一方面,也是更加方便地存储、传递和阅读信息的手段,因此,近年来中国近代报刊的数字化取得了众多优秀的成果。

如国家图书馆民国期刊数据库免费开放,提供 4351 种期刊电子影像的全文浏览,为近代历史研究者提供了便利。上海图书馆的重要品牌《全国报刊索引》近年陆续推出《晚清期刊全文数据库》《民国时期期刊全文数据库》以及相应的索引库,并即将推出《字林洋行中英文报纸全文数据库》,在中国近代报刊的数字化实践上都走在全国同行业的前列。

同时,也有一些商业数据库公司推出相应的近代报刊库,如"大成故纸堆"、"爱如生"推出的中国近代报刊库以及 Pro Quest 推出的中国近代英文报纸全文数据库等,都是这些近代报刊开发实践中的优秀成果。

中国近代报刊的数字化实践,一方面是利用最新的计算机技术为研究

---

❶ 全国图书馆文献缩微复制中心[Z/OL].(2015-3-30).http://www.nlc.gov.cn/newswzx/.

者提供学术研究的便捷之门,使得信息检索和信息获取的速度更快,途径更便利;另一方面,对文献的保护也是通过扫描技术或者所谓文献的转换来实现,对于报刊的保护也更进一步。可以说,这一方式更完美地解决了作为出版文化遗产的中国近代报刊开发过程中的利用和保护这一矛盾。

综上所述,无论是索引工具书的编制,还是报刊的影印出版和缩微复制,抑或是近代报刊的数字化,都是最大限度地扩大中国近代报刊的使用价值,只是不同手段具有不同的侧重点。作为重要的出版文化遗产,中国近代报刊的保护与开发时间,在历史发展的过程中,为文化遗产的保护提供了可供参考的案例与范本。保护与利用这一矛盾,在信息技术飞速发展的推动下,得以平衡,既能提供研究者获取信息的快捷方式,也能为文献的保护提供有效手段。

从国内各大图书馆近代报刊的服务情况来看,为更好地保护这些近代报刊,各图书馆已经不再提供原件的阅览或者复印服务。因此,读者只能依赖报刊的影印本、缩微胶卷来查看原始报刊。但要在浩如烟海的文献中查找所需的原始资料是非常困难的,这就凸显了以近代报刊为内容的数据库的便捷所在,它提供的索引信息和原始图像,能使读者迅速获取所需信息。由此可见,中国近代报刊的积累与开发是必要和必需的,而进行近代报刊的数据库开发,是保护与开发这些重要出版文化遗产中最需重视和着力发展的方式。这既是保护作为出版文化遗产的近代报刊,又能成为读者提供查找文献、获取信息更快捷的手段。

第四节　中国近代报刊开发和利用的
遗产保护意义及关键要素

一、出版文化遗产积累与保护的示范意义

出版文化是出版行业中物质文明和精神文明的积累与传承,图书馆特

色馆藏则是物质层面的出版文化遗产,对人类的精神文明和文化发展有着重要作用,因此,保护出版文化遗产就是保护让文化赖以发展和继承的传播方式。从文化传播和遗产保护的角度看,中国近代报刊的开发和利用有着深远的意义和价值。

中国近代报刊是历史研究的重要史料,具有不可获取的历史价值和文献价值。一方面,它们为读者提供了研究的史料和基础;另一方面,对近代报刊的开发,作为民众的精神食粮,将实体馆藏所代表的精神价值和文化传播作用得以实践,体现了公共图书馆的价值和贡献。

二、保护和收藏机构的多样化和多元性

经过对各地区和图书馆现存近代文献收藏的梳理来看,以图书馆为主要收藏机构的特色资源,在历史演进过程中,经过数次动荡仍得以保存。从民间到官方,从个人到社会,作为与公共服务密切相关的图书馆在经历政府介入和政策整合后,资源在此汇集,并加以整理,成为今日各地特色馆藏的重要基础。

传统个人力量和民间机构的力量不容小觑,在公共图书馆力量和规模逐渐壮大的情况之下,个人和民间对公共图书馆的资源补充仍是非常重要的,特别是民间收藏的特色资源,对丰富图书馆的资源类型具有不可替代的作用。由此看出,从民间到官方,从个人到社会,虽然角色不同,但多样性和多元化的方式,对出版文化遗产来说,是得以传承和发展的重要特性。

三、珍稀文献保护和开发的平衡与双赢

伴随着文化遗产保护意识的增强,对特色资源的保护经历了从传统的实物收藏到数字化利用的变迁,并努力挖掘和揭示更深层次的学术价值,为读者使用提供便捷的方式和途径。随着数字阅读和无纸印刷时代的到来,传统出版从二维书写的呈现进入全新的多媒体空间。正是在此基础上,纸媒体的出版文化在数字化逐渐风行的今天,更突显其重要的价值和

传承作用。但是二者之间是否非此即彼的对立呢？也不尽如此。

从中国近代报刊的保护与开发实践的过程来看,通过数字化的方式,将珍稀特色文献以不同主题得以形成重要成果,为读者提供了了解和研究的重要途径,实现了纸媒体和数字化之间的过渡与平衡。由此可见,珍稀文献保护与开发利用二者之间虽然存在矛盾,但假若能够寻找合适的途径和方式,仍能够在保护的基础上,进行深入的开发和利用,寻求二者之间的平衡。

四、充分利用数据库技术,重视近代报刊资源的共建共享

从读者使用的便捷性和保护方式的持久性来看,进行近代报刊数据库的开发是目前最为主要的方式,这能在珍稀文献的保护与开发利用之间寻找到一个最合适的平衡点。从出版文化遗产保护的角度出发,各图书馆已经开始了近代报刊的扫描,并制作了多种自建库,因此,依靠信息技术的发展,未来近代报刊的保护与开发会有更大的拓展空间。同时,我们可充分利用各图书馆资源,以避免重复化建设,实现资源的共建共享,为资源的保护与读者的利用提供更丰富的来源和途径。

第十章　关于中国现当代出版业文化遗产保护问题的思考

第一节　中国现当代出版文化遗产的种类

在文物收藏乃至文化遗产保护领域,人们往往不由自主地"厚古薄今"。反映到图书出版与收藏领域也是如此,比如对古籍版本普遍追崇,宋版书价值昂贵,成为稀世珍品。当然,这是由文化遗产的首要价值因素即历史价值决定的,历史越久远,历史信息含量越大,再加上宋版书尤其是宋代善本古籍留存于世已很稀少,而且还具有独特的出版印刷艺术价值和科学价值,古籍善本无可置疑地成为中国出版业文化遗产保护工作中最经典最核心的文物资源。历史上的重宋元版本、重考证的私人藏书家派别"常熟派"在江南藏书业影响巨大,不过后来又出现了重经世致用、重当代文献、重史料的以天一阁为代表的"浙东派",天一阁收藏留存的当时不为世人看重的当代文献如版刻家谱、地方志等如今都成为珍贵的文献遗产。好古与厚今,两者都对保护中国古代文献及出版文化遗产做出了巨大贡献。

中国现当代出版文化遗产指1919年以后的中国出版业在行业管理、作者队伍、编印发业务、出版印刷技艺、出版产品、书店、阅读行为等诸多环节领域积累而形成的文化遗产,它们包括可移动出版文化遗产(如出版物及其衍生品、设备物品等)、不可移动出版文化遗产(如遗址等纪念场所)以及非物质出版文化遗产(如传统技艺、品牌形象、口头传说与行业历史记忆等)。

在现当代出版业可移动文化遗产大类中,红色出版物、抗战出版物是一种不可忽视的出版文物,这是因为红色出版在中国现当代出版史上占有重要的地位。"五四"运动以后,红色出版登上中国出版的历史舞台,这一时期有很多介绍马克思主义的期刊在中国诞生,如陈独秀创办的《新青年》杂志,高举"科学"和"民主"的旗帜,抨击封建思想和文化。之后,有《每周评论》《湘江评论》等很多红色期刊创刊。这些期刊在传播马克思主义思想方面,起到了重要的作用。抗战出版物包括在中国人民抗日战争期间出版的各类文献,反映了抗战时期的社会、文化、经济等多方面的历史风貌。抗战出版物中很大一部分是红色出版物。

革命年代以及中华人民共和国成立初期,红色出版肩负着共同的宣传任务,成为中国共产党在各个历史时期的重要宣传机构与传播机器,发挥了凝聚力量、振作士气、团结人心、引导舆论的巨大作用。

作为现当代出版业不可移动文化遗产的出版印刷文化遗址和建筑,在真实直观地展现历史风貌、助益学术研究以及传统文化教育中发挥着直观而鲜活的作用。例如江西瑞金中央苏维埃政府遗址,其中曾经诞生了中国共产党最早的印刷厂、期刊社、出版机构,这些出版印刷机构遗址经原国家新闻出版总署修缮,吸引人们来此参观调研,接受革命历史教育与传统文化教育,了解中国共产党早期的出版印刷历史。

作为出版业可移动文化遗产的出版印刷文物,属于中国目前正在进行的全国可移动文物普查的重要类型。根据《文物保护法》《文物藏品定级标准》《近现代文物征集参考范围(草案)》《近现代一级文物藏品鉴定标准(试行)》等权威文件描述,涉及出版领域的文物主要类别如下。

(1)文献:各种重要会议之决议、决定、宣言,各种机关(党派、政府、军队、团体及其他机构)的文书、布告、电报、报告、指示、通知、总结等原始正式文件。

(2)手稿:全国性领袖人物、著名军政人物、著名烈士、著名英雄模范人物、著名作家及各界公认的著名人物等亲笔起草的文件、电报、作品、信函、题词等的原件。

(3)书刊、传单:书刊包括书籍、报纸、期刊、号外、时事材料、文件汇编等印刷品;传单包括重大事件和历史大规模群众性运动中散发、张贴的传单、标语、漫画,重要战役的捷报,也包括交战双方向敌方散发的宣传品。

(4)音像制品:照片(含底片)、录音带、录音唱片、纪录片、录像带、光盘等,形成时间较早、存世稀少,能反映重要人物的重要活动,对重大历史事件有佐证意义的原版作品,或流传经过中有特殊情节的原版作品,确定为一级文物。

(5)货币、邮票等实用艺术类物品。

(6)宣传画:根据《一级文物定级标准举例》(文化部,2001年)第二十四条,宣传画为一级文物类别。

(7)重要或著名出版人物、重大出版事件或出版过程中产生的有重要意义和价值的物品,如文房用具、生活用品、信札等。

此外,属于出版业重要的文化遗产而未列入上述分类的还有具有时代代表性、重要价值和纪念意义的各类印刷设备,如字模、排字、纸型版、印刷机等。

总之,出版业可移动文化遗产包括在历史、艺术和科学等方面具有突出的普遍的价值并能反映中国出版史实的各种珍稀出版物,以及各种有代表性载体的出版品及其衍生物品、手稿、档案资料、印刷出版设备等物品。中国现当代可移动出版文化遗产指在中国现当代(1919年至今)出版史上那些在历史、艺术和科学等方面具有突出的普遍的价值并能反映中国出版史实的各种珍稀出版物,如新文化运动、"五四"运动所产生的出版物,国内革命战争、抗日战争、解放战争及中华人民共和国成立后至今能够代表中国在出版印刷发展历程的可移动文化遗产,不管是出版物还是与出版相关的衍生品、手稿、档案资料、印刷出版设备,都是属于中国现当代可移动出版文化遗产的范围,理应作为出版界的文化遗产资源加以保护。

第二节 中国现当代出版文化遗产保护的
实践举例

一、现当代出版文化遗产保护概述

如今文物界的"保护"一词通常具有保管兼关注使用之意,不同于过去偏重保存的保护,是在真实性原则下维护文化遗产的所有相关环节和行为,其目的是通过尽可能少的干预,研究、记录、保持和修复具有文化意义的文化遗产,以便为未来提供方便。保护的目的是保管原来的物品并阐述存在之物以维持物品的文化意义。保护的内涵很丰富,它包括维护(Maintenance)、保护(Protection)、保存(Preservation)、修复(Restoration)、重建(Reconstruction)与适应(Adaptation),且通常是以上两者或两者以上的结合。❶

从国际层面上来看,欧洲一直走在文化遗产保护的前列,一开始他们因"纪念物"的实用性和纪念性去保护文化遗产。16~18世纪文艺复兴时期,文化遗存的艺术价值得到强调,在文物修复中出现了艺术价值与文物价值的冲突。19世纪至20世纪80年代,随着文化遗产保护实践的推进,历史价值的保护观念逐渐成为主流,并最终在《威尼斯宪章》中得到确认,认为历史价值才是纪念物价值的核心,因为其存在是历史发展的见证,并且具有无可替代的真实性。到了20世纪90年代,国际上对文化遗产的认知再一次发生了深刻变革,从历史价值的认同转向文化价值的认同,从突出的全球价值转向独特价值。这一理念的转变带来的影响是文化遗产的保

---

❶彭俊玲.出版文化—出版文化遗产—出版文化遗产保护体系综论[M]//王彦祥,魏超.北京出版产业与文化研究报告(2013).北京:中国书籍出版社,2014:3-22.

护从单一的历史信息的保护转向了综合的、复杂的、系统的保护,成为一门需要多学科参与的综合研究,遗产保护的目的也从保护过渡到了传承。此外,遗产保护的社会参与性也得到强调,不再只注重文化遗产保护的物质实体技术干预,而是注重吸引社会公众的参与。

中国向来有保护古代文化遗产的传统。金文,是铸刻在青铜器上的铭文,商周时期青铜器上最常见的铭文是"子子孙孙永宝用",其中所传达的不仅是祈望江山社稷代代相传,也有希望后世子孙对前朝珍贵器物妥善保存、永续利用的意思。中国现代意义上的文物保护始于20世纪初,在此之前,往往将古代器物称为"古器物""古物""古董""古玩"等。20世纪初,随着近代科学的兴起与发展,以及现代考古学的发展,"文物"一词的出现改变了人们对待古代遗存的思维习惯和保存方式。中华人民共和国成立后,党和国家制定了一系列政策对文化遗产加以保护。虽然在"文革"期间,部分文物遭到破坏,但经过拨乱反正及政府和国民对文化遗产保护重要性认识的提高,中国对于文化遗产保护的力度逐步加强。

现当代出版业文化遗产中,大部分为可移动文化遗产,也就是以图书及其他多种文献资料为主的文物。可移动文化遗产保护的方式可以分为两种,一种是延续性保护,即对原物原状在保管、维护、修复基础上的保护,延续其生命力和原始价值;另一种是再生性保护,也是一种开发性保护,即通过缩微复制、数字化等现代技术手段再现文物价值,并加以开发利用以扩大文物的价值。

对于出版业的可移动文化遗产延续性保护,往往是博物馆、图书馆、档案馆的主要任务;而编辑出版界在对可移动出版文化遗产的再生性保护方面也是大有可为的。下面就以毛泽东"大字本"和红色出版"红藏"的整理与开发为例,展现中国编辑出版界对现当代文化遗产再生性保护的实践探索成果。同时以中国出版博物馆的筹建为例,探讨现当代出版文化遗产的博物馆式保护。

二、红色出版物的再生性保护实践

(一)"红藏"的整理出版

为了抢救早期红色出版物,国家大型出版项目《红藏》于2011年正式展开编排工作,计划用10年时间完成。该项目计划系统地收集整理并影印中国共产党早期直接和间接领导创办、出版的红色进步报刊书籍,收录年限为1915年至1949年。这是中国共产党成立以来第一次大规模整理早期出版物。《红藏》被列为国家"十二五"重点图书出版规划。在出版界,被称为"藏"的出版物不多见。"藏"是对同类出版物中规格最高、规模最大最全者的称呼。《红藏》全部出齐,预计达到1000卷,4亿字。

《红藏》的出版是一场对早期红色出版物的抢救行动。由于过去印刷条件差,有些铅印、油印的印刷品已开始模糊,甚至一部分正在漫漶消失。此前,20世纪50年代和80年代对早期红色期刊曾进行过零星整理,而系统地收录整理出版,尚无人做过。❶

从历史的角度看,红色出版既是特定历史时期的产物,又反映了特定历史时期的社会生活。红色经典侧重于反映特定历史时期中国共产党领导的人民革命斗争和解放战争,包括某些作品所反映的中华人民共和国成立后的社会主义革命和建设。这些虽然都已成为历史,但是,在这些作品所反映的人民革命斗争和民族解放战争中凝聚起来的诸如革命的理想主义、英雄主义和集体主义精神,却是这些作品所反映的革命历史留给我们的宝贵精神遗产,也是构成中国特色社会主义精神文明的一些核心价值观念,是现代中国革命精神文化传统的重要组成部分。对红色出版物的整理出版是保护中国现当代出版业可移动文化遗产的积极举措。

(二)毛泽东"大字本"的文物价值及其再生性保护

从出版印刷的时期和文物价值上看,毛泽东"大字本"是一种具有特殊意义的重要的红色出版物。所谓"大字本",即20世纪70年代由北京印刷

---

❶ 唐正芒.红藏:红色文化宝藏[N].湖南日报,2015-4-9.

一厂和北京新华印刷厂为毛泽东主席专门印制的一批特制的大字号线装书,业界谓之一批名副其实的"官刻"图书。这些"大字本"既有马列经典著作,也有古今中外著名文化典籍,涉及哲学、历史、政治、经济、文学、科技等门类。

从文献版本学的角度来说,大字本是版本的一个分类。雕版印刷的本子,又称刻本,从时代早晚来分,有唐五代刻本、宋刻本、金刻本、元刻本、明刻本、清刻本、民国刻本;从刻书地区来分,南宋有四川地区刻蜀本、浙江地区刻浙本、福建地区刻建本(又称闽本)。从字体大小的角度看,有大字本、小字本。而毛泽东"大字本"则是一种特殊设计的活字印刷版本。

当时有关部门安排印制"大字本",出于三点考虑:一是晚年的毛泽东由于患了白内障而阅读困难,中央有关部门专门安排定制的"大字本"便利毛泽东等老同志阅读;二是可作为礼品馈赠外宾;三是版本独特,有一定收藏价值。这批"大字本"是特定时期的产物,因仅供内部使用,印数很少,早已绝版。大字线装本是世界上印刷数量最少、印刷成本最高、最有政治意义,也是目前存世量最少的出版物之一。如今在拍卖市场上,大字本成为抢手的稀罕物,一套1976年人民出版社出版的《毛泽东选集》大字本,8函38册,玉扣纸,线装,市场成交价近15万元。❶

北京地区的铅字印刷起源于晚清时期,在100多年的发展过程中,到20世纪70年代铅字印刷已完善到了顶峰,80年代初"光与电"的时代到来,"铅与火"就已成为历史,"大字本"的印制正是见证了"铅与火"最后的辉煌。

大字本的印刷出版历史反映了20世纪印刷出版界的一段特殊经历。据一些印刷业的老专家回忆,北京印刷一厂当时是北京市属的最大印刷厂;北京新华印刷厂就是"文革"时期的"六厂二校"中的企业。根据资料记载,"大字本"任务的下达起于1972年,为了印大字本,北京新华印刷厂还专门从德国引进最好的设备,到安徽定制特殊的宣纸,这种宣纸既要克重不

---

❶全球印刷网.谈谈特殊印刷的"大字本"二三事[EB/OL].(2013-6-25)[2015-9-2].http://www.qqysw.net/info/2013/newsinfo-6250.html.

能超,印刷起来又能有一定的挺度。

"大字本"的开本均为292毫米×185毫米,每册一般为50页至60页,有两种版式。开始时"大字本"的正文为一号长仿宋字,每面10行竖排,每行21个字,正文内加注字用二号长仿宋。到1974年后半年,毛泽东的视力下降,字体需要扩大,最后由毛泽东亲自选定36磅的牟体。这一套新字体,既不像黑体,也不像宋体,类似长宋体。字体非常圆润,匀称,看着非常美。每面7行竖排,每行14个字,字与字之间加6磅铅空,标点在行外靠右。正文内的加注用单列1号长仿宋字。

"大字本"的用纸异常考究,幅面1363毫米×610毫米,选用嫩竹做成毛边纸,其中添加香料,6开使用。北京市单独为印刷器材部门批地12000平方米,建立纸库专门存放"大字本"的用纸。纸张呈淡黄色,至今打开书,仍有淡淡的书香。每套书都有蓝布面的书函,骨头别子。一般每函装8册。

从1972年初到1976年9月,大字线装书共印了129种。从保存下来的书目中可以大致了解毛泽东在世的最后几年对中国历史古籍和现代著作有选择地印制大字线装书的情况,能从一个侧面为研究、探索毛泽东晚年所关注的问题和阅读情况,提供一些参考资料。129种大字线装书中以文学艺术类的书最多,占44%;其次是与批林批孔、评法批儒有关的书籍,占32%;余下24%的书为马列著作、毛泽东著作,哲学、社会科学、自然科学类的书和杂志,数量均不多。20世纪80年代初,北京印刷一厂使用国产照排机、尼龙感光版排版,印制了大字本的《过秦论》。这本书见证了"铅与火"向"光与电"的过渡。

"大字本"是历经改组重建形成的中国印刷集团公司(2014年又正式更名为中国文化产业发展集团公司,简称"中国文发集团")宝贵的文化遗产,是集团在中国印刷工业"铅与火"时代辉煌历史的见证。

2014年5月,改名后的中国文发集团为了开发"大字本"的文化遗产价值,再生性地保护具有特殊意义的印刷出版文物,正式启动了毛泽东读"大字本"印制出版复兴工程。

这批"大字本"是特定时期的产物,当年仅供内部使用,印数很少,且早已绝版。当时只有7级以上干部才能享有阅读"大字本"的待遇。如今在拍卖市场上,"大字本"成为抢手的稀罕物,价格不菲。目前国家版本图书馆保存下来作为档案的"大字本",已经成为准文物级的名贵珍品,具有很高的收藏价值。如,这批珍贵的图书时隔三四十年,以其俊美、独特的版本,展现了一代伟人的学识和对学习的理解。因此,无论从弘扬中国优秀传统文化的角度还是从再现珍稀图书版本的角度,启动毛泽东"大字本"印制出版复兴工程,都是极有文化价值的一件大事。❶

该项出版工程计划按照原厂生产标准、原来选择版本、原样装帧水平印制,全球限量发行。在国家新闻出版广电总局有关部门领导指导下,在国家版本图书馆支持下,在国内一流设计、排版、印制、装帧专家团队的努力下,将毛泽东所读"大字本"数十种重现于世,是作为印刷企业、出版企业、文化企业所担当的一桩历史任务,给这个时代的文化建设留下一笔珍贵记录。

三、博物馆式保护:现当代出版界文物的普查、征集与保存

对中国近现代出版业文化遗产保护的工作,早在2003年就正式开始了。由于上海是中国近代出版业的发源地,留下了丰富的出版业文化遗产,上海新闻出版局从2002年就筹备建设中国近现代新闻出版博物馆,并成立了专门的部门来开展工作。十多年至今,一直在孜孜不倦地进行着相关文物的收集、调查、征集与整理保存工作,并围绕博物馆建设开展学术研究、学术出版及学术会议等多项活动。2014年年初,国家新闻出版广电总局成立专门机构,筹备国家"十二五"规划重大项目——中国出版博物馆,并以全国可移动文物普查工作为契机,与国家文物局联合发文,在新闻出版系统内开展出版文化遗产的普查登记工作。中国出版博物馆是以出版为主题内容的国家级博物馆,建成后将系统、完整地收藏、保护、展示和研究中国恢宏富丽的出版文化遗产,展现中国出版文化的博大精与卓越成

---

❶张仲元.铅与火的最后辉煌——记"大字本"[J].印刷经理人,2011(2).

就。目前,博物馆的藏品建设已初现端倪,行业内普查工作也有一定成果,其中有相当部分文物藏品隶属现当代出版时期,现集中保存在人民出版社、中国版本图书馆、中国印刷博物馆、中国唱片总公司及各老字号出版社中。这些藏品是现当代出版文化遗产的菁华与典范。中国出版博物馆的建设将对中国现当代出版文化遗产保护起到主干引领的作用。

第三节 中国近现代出版文化遗产的
集中保存情况

一、人民出版社

中国共产党成立时,就非常重视对宣传、出版工作的监督和指导。1921年党的"一大"决议指出,一切书籍、日报、标语和传单的出版工作,均应受中央执行委员会或临时中央执行委员会的监督。一切出版物,不论属于中央的或地方的,均应在党员的领导下出版。在这一决议精神下,党的"一大"会议上决定创建自己的出版机构,这就是人民出版社。

人民出版社与党的革命建设事业天然结合在一起,90多年社史见证并记录了党的人民出版事业,积累了大量珍贵出版物,许多已成孤本。比如1921年人民出版社成立后首批出版的12种图书,上海书店、长江书店、无产阶级书店、华兴书局、启阳书店、北方人民出版社,以及延安时期的解放社、新华书店的出版物,《共产党宣言》《资本论》的各个版本等,还有错版图书、各个历史时期的纸型等。人民出版社资料室还存有大量领袖名人大家的编辑档案、手稿、书信往来。这批文档的保护和挖掘,将完善历史细节、还原历史现场,起到补史、证史、充实历史的巨大作用,不仅是党和国家的宝贵财富,也将对近现代历史研究产生不可估量的意义。目前,人民出版社正在以全国文物普查工作和中国出版博物馆的筹建为契机,对这批出版文化遗产进行细致的整理工作。

二、中国版本图书馆

中国版本图书馆前身为中央人民政府出版总署图书馆,成立于1950年7月1日,由中央人民政府出版总署署长胡愈之提议并创建。版本图书馆负有征集并保管全国各级各类出版物样本之责,馆藏宏富,各类样本已逾500万册。在现当代出版物范围内,中国版本图书馆收藏的出版物品种最多、版本最全、整体记录最完整,藏品除了普通的各个版次的图书、报纸、期刊、音像及电子出版物以外,还有各种图片、卷轴、连环画、年历、挂历、明信片、碑帖、拓片、乐谱、歌片、地图、教学挂图、技术标准、盲人读物等,以"历史文物性、学术资料性、艺术代表性"三性标准衡量,其中宣传画和连环画最具典藏价值。

宣传画起源于法国路易十五时代,在中国可以追溯到清末,抗战时期成为主流的大众宣传手段。中国版本图书馆是唯一系统化集中收藏宣传画的国家机构,完整保存了从中华人民共和国成立到20世纪90年代以来创作的全版本版次的宣传画,共81025种,131457张。其中,20世纪50年代出版的16490种,60年代出版的13149种,70年代出版的15649种,80年代出版的23355种,90年代出版的6201种,还有6181种出版日期有待考证。数量之巨、版次之全,综观国内外公私收藏机构无人可以比肩,堪称"宣传画收藏第一家"。

馆藏宣传画有许多稀有罕见的单幅作品,比如"八个革命样板戏"宣传画、"毛主席八次接见文化革命大军"宣传画、《大海航行靠舵手》《伟大的马克思主义、列宁主义、毛泽东思想万岁》《五个里程碑》《炮打司令部》《做人要做这样的人》等珍品,还有5个印张组合而成、2.5米高的毛泽东画像。由于版本馆不承担读者服务功能,藏品从不外借流通,这些宣传画得以保存完好,品相如新。

馆藏宣传画的作者中有大师级的艺术家,如徐悲鸿、齐白石、黄宾虹、傅抱石、陈半丁、蒋兆和、叶浅予、董希文等人,作品还不在少数,齐白石创作的有228张,蒋兆和创作的有81张,董希文创作的有95张,陈半丁创作的有63张、傅抱石创作的有92张；也有当时优秀的青年画家吴敏、刘春华、沈尧伊、周令钊、哈琼文、游龙姑、吴敏、钱大昕、吴性清、杨文秀、张汝济以及工农兵业余画家代表单联孝等人的作品。每位画家的作品版本都很齐全，比如哈琼文作品有273张，钱大昕作品有234张，游龙姑作品有104张，不仅能淋漓尽致地展现时代风貌，对研究艺术家个人特色也极有价值。创作者中还有许多集体署名，比如中央美术学院、中央工艺美术学院、鲁迅美术学院这类专业院校、工农兵美术学习班以及文化大革命宣传画创作组等业余宣传单位。创作技法既有油画、版画，也有水彩、中国画和漫画；宣传方式既有一次性的张贴画，也有流动性的挂图，可谓各式各样，包罗万象。

另外，我们还应该注意到这批藏品的总体价值。版本图书馆宣传画藏品横跨20世纪50年代至90年代，种数高达8万多种，1966年前藏品就有4万多种，占到一半，见证了这一特殊出版物从起到盛至衰的全过程。版本收藏的连续性、完整性和完好程度使这批宣传画作为整体具有极高的文物价值。可以说，宣传画忠实地记录了历史现场，保存了学术资料，创新了艺术形式，完全符合文物定级的"三性"标准。文化部第19号令对一级文物进行举例时，在第二十四条"文件、宣传品"明确把"宣传画"列入其中，是对其价值的明确认定。

连环画也是版本图书馆特藏之一，馆藏连环画43665种，其中1949年出版的17种，20世纪50年代出版的12632种，60年代出版的3079种，70年代出版的4329种，80年代出版的9527种，90年代及以后出版的13961种，还有120种出版日期不详，可能是更早期的版本。馆藏连环画中，20世纪50年代的老版本12000多种，有东亚书局、劳动出版社、火花出版社、普及出版社、美联出版社、前锋出版社等现已消失的出版社出版发行的《全部三国志》《全部三国演义》《当祖国需要的时候》《死里逃生》《太太问题》《梅林与牡丹》等大量市面上看不到的品种；有赵宏本、刘继卣、贺友直、王叔晖、严绍唐、张乐平等一大批连环画名家名作；有历史题材、革命题材、电影题材、戏剧题材、外国题材等各种门类齐全、表现迥异的连环画藏品；有一批像人美"五十年连环画收藏精品"、线装版《王叔晖连环画选集典藏本》这样的精品连环画版本。这些连环画品相完好,曾多次在国内外举办大型专题展览,让人们找回了开启心智时代的天真无邪,令大量观众流连往返、如痴如醉。和宣传画一样,连环画的价值也早已得到市场认可,是当今艺术品交易的热门。应该说,版本图书馆的连环画资源十分丰富、极其宝贵,但要精确评估其价值,还有分类整理目录、仔细比对版本,组织业内专家进行专题评审等大量工作要做。

三、中国印刷博物馆

中国印刷博物馆1996年建成开放,是一座展现中国印刷技术发明与发展历史的专业博物馆。它以印刷技术为主线,兼顾纸张、印墨等关联技术,主要收藏各个时期有代表性的古籍图书、印刷机械设备和原材料。馆藏文物6000余件套,包括彩陶、瓦当、帛书、邮票、人民币、年画、地契、玻璃网屏、包装印品、建筑用印刷品、纺织印品、印刷线路板等种类。"东法西传、西法东渐"是印刷技术的主要传播特点,印博也集中收藏了一批晚清以来反映近现代印刷技术发展水平的文物,包括活字、钞币、书籍、印刷设备及字模等。中国印刷博物馆的相关馆藏概况见表10-1。

表10-1　中国印刷博物馆的相关馆藏概况

序号	种类	件数	时期
1	木活字	420盘,约32万个单字	晚清时期
2	铜活字	6盘,约4000个单字	晚清时期
3	房地契	141件	清道光至民国时期
4	邮票	43种,2430余张	清代以来
5	纸币	66种,434张	民国时期
6	人民币	中华人民共和国成立以来四套人民币及纪念币	中华人民共和国成立以来
7	红色书籍	82本	解放战争时期

序号	种类	件数	时期
8	印刷设备	102台	近现代以来
9	铜字模	3吨,20余箱	现当代

四、中国唱片总公司

从1904年录制京剧孙菊仙唱腔的第一张唱片开始,中国唱片业已走过了百余年历程。作为有声出版物,唱片以鲜活的艺术形式见证并记载了近现代中华民族风起云涌的历史,是重要而生动的民族文化遗产。作为中国唱片业的代表,因为长期处于垄断地位,目前绝大多数唱片历史文化遗产都保存在中国唱片总公司。据统计,中国唱片总公司收录了一个世纪以来累存的13万面唱片金属母盘、4.5万条磁记录胶带,数十万首曲目及近期公布的7万余页纸质出版文献档案。

这批有声资料中包括一批珍贵的历史名人声音档案,其中有孙中山先生《勉励国民》《告诫同志》《救国方针》的讲话和毛泽东、周恩来、朱德等党和国家领导人的讲话,唱片母盘中还收录了蒋介石和民国时期一些官员的讲话,具有极高的历史价值。有一批20世纪三四十年代的流行歌曲,包括著名歌唱家应尚能、俞宜萱、周小燕和著名歌唱演员王人美、周璇等演唱的歌曲录音唱片,电影界名人如赵丹、胡蝶、袁牧之、陈波儿等人的唱片母盘。革命音乐家任光、聂耳、洗星海等留下了《义勇军进行曲》《毕业歌》《渔光曲》《码头工人》等一系列革命歌曲。器乐曲方面,有著名音乐家刘天华、吕文成、卫仲乐以及上海工部局乐队、大同乐社、中华粤乐社、百代乐队等音乐团体演奏的民族音乐和管弦乐作品。戏曲和曲艺也是现存老唱片的重要内容,包括了1064名戏曲演员、172名曲艺演员、189名歌唱演员、70名独奏演员和49个音乐团体演唱演奏的曲、剧目。谭鑫培、孙菊仙、刘鸿声、汪笑侬、陈德琳、龚云甫等晚清光绪年间京剧名家,"四大名旦"梅、程、荀、尚,"四大须生"余、言、高、马,"北梅南欧"的欧阳予倩,"南麟北马关外唐"的周信芳、唐韵笙,曲艺名家刘宝全、荣剑尘等曲艺界代表性人物的经典曲目、剧目均有唱片记录。

另外,中国唱片总公司在"中华老唱片保护工程"整理中发现了大约7万页纸质出版文献档案,其中含1929—1949年各公司往来信件约300封,版权合同约200份和各类文件档案约1200份。据《东方早报》报道,这批文档绝大部分是百代公司文件,其标注日期集中于1930—1940年,最早可及1918年,最晚至1968年,时间跨度整整半个世纪。不少堪称珍贵的纸质文献,比如,"金嗓子"周璇的信件和薪酬单、"电影皇后"胡蝶的经纪合同、"中国流行音乐之父"黎锦辉的书信、无数印刷精美的海报和歌词本,以及百代唱片公司数不清的业务合同和财务报表。

第四节 现当代出版文化遗产的保护策略

现当代出版文化遗产有一般意义上的文物价值性,又有自己的特殊性。主要表现在时间较为切近当下,范围较广,存量巨大,介质多样化,有相当多数量在流通使用当中,带来保护观念以外的技术难度和利益分歧。因此,在现当代出版文化遗产的基本框架设计上,长期以来没有形成具有各方共识的保护范围和分级标准,从而延缓并制约了相关讨论的深度发酵和有效进展。制定现当代出版文化遗产保护策略,以下几方面需要考虑。

(1)选择分级分层的保护框架。如前所述,因为年代较近,绝大多数现当代出版文化遗产还没有脱离使用的范畴,特别是保存在图书馆中的现当代书籍尚在流通借阅中,复本也较多。简单以时间和类别划定保护范围,不利于文献的流通使用,给学术研究和大众服务设置了无法逾越的障碍,价值的释放大打折扣,也就背离了保护的初衷。处理好保护与利用的关系,是所有文化遗产面临的基本问题。对于现当代出版文化遗产来说,采取分级策略,选择典型时期、典型版本及有签名批注等特殊意义的单本进行保护,以此存证,记录一个时代的历史风貌,其他同类的现当代文献版本及复本作为一般物品照常流通使用,是比较切实可行的方法。

(2)确立专业集中的保护主体。现当代出版类珍贵文献史料保存比较分散,各大省市图书馆、老字号出版单位和一些专门收藏单位存量较多,人民出版社、中国版本图书馆、中国印刷博物馆和中国唱片总公司是其中代表,一些私人收藏家手中也不乏精美之作。但是不同来源的藏品用途和地位又不尽相同,图书馆以借阅流通为主,出版单位意在存档,私人收藏家以艺术品来对待,都难以承担起保护主体的责任。版本图书馆和印刷博物馆等作为专门的收藏单位,应当主动担负起保护现当代出版文化遗产的使命。尤其是版本图书馆本身以征集和保藏现当代出版样本为职责,馆藏样本与现当代出版文献属于同一序列,又不提供公共流通和读者服务,当前较为适宜集中保藏和研究这类物品。正在筹建的中国出版博物馆,把现当代时期的出版文物作为重要收藏展示品种,将集纳人民出版社、版本图书馆、中国印刷博物馆和中国唱片总公司的藏品,设立现当代出版文物展线,为红色出版物、大家手稿手迹、老唱片、老宣传画等门类开辟专门展厅和展区。中国出版博物馆还将与广大私人收藏家合作,以捐献、托管及开辟专门展区等多种方式,呈现精彩别致的出版文化风景,建成后将成为出版类文化遗产的理想栖居之地。

(3)采用灵活多样的保护方式。现当代出版类文化遗产除具有一般文物的历史价值、艺术价值、科学价值之外,大多具有流通商品特性和版权价值。一些保有单位如古籍书店、美术出版商店为了商业流通的便利,对文物认定和公共保护的积极性不足,甚至有所顾忌。另外,出版类文化遗产藏品特别是出版物具有版权价值,为了便于复制出版,保藏单位也不大愿意对藏品进行文物定级保护。针对这种出版类文化遗产的普遍情况,采用灵活多样的保护方式,出台可移动文物保护和利用的规定细则,形成以落实保护措施为前提,便于可移动文物特别是出版文物保藏单位自主复制出版的机制,值得探讨。

(4)重视珍稀文献的再生性保护。这方面可以借鉴古籍的翻印与数字化经验。所谓古籍善本,是指乾隆六十年(1795年)以前出现具有保存价值的刻本抄本,包括宋、金、元旧刻;宋、元旧抄;明及明以前稿本及著名学者或藏书家抄本;明清著名学者或藏书家批校题跋;明刻、清抄中内容、版本、印刷技术上有特色或具有其他特点的稿本。2002年启动的"中华再造善本工程"对珍稀善本进行原样再造,使之化身千百、分藏各地,"继绝存真,传本扬学",意在确保安全的前提下促进古籍善本最大限度地传播利用。国内近来对红色出版物中有价值文物的再生性保护也是一种很好地实践,需要在政府的合理规划下有序展开。

(5)对于现当代不可移动的出版文化遗产如遗址类场所的保护,政府相关部门要加强修缮与宣传以充分展示其价值。如江西瑞金作为苏维埃政权的印刷出版发源地,经过原国家新闻出版署的精心保护,如今成为人们前往参观学习我党新闻出版革命传统的教育基地。

(6)对于现当代出版业的非物质类文化遗产,如珍贵的历史记忆与口头传说、传统技艺、具有历史纪念意义的出版文化品牌等,要加强抢救性保护,如及时采访、挖掘、收集和整理,积极培养传统技艺传承人,防止中国现当代出版业非物质文化遗产的流失、淡忘以致湮没。

第十一章　技术手段在出版印刷文化遗产
保护领域的应用与发展

第一节　文献研究综述

　　珍稀纸质文献的保护是出版文化遗产保护领域的重点研究课题之一。为充分了解中国有关"出版文献保护、文献保存"的研究成果,我们选取中国知网中的期刊会议论文及博硕士论文,了解从新千年以来"文献保护""文献保存"的文献发表情况,共检出文献1078篇(截至2015年3月20日)。其中,期刊论文887篇,博硕士论文74篇,会议论文31篇,其他文献86篇;文献涉及的学科排在前三位的依次为:图书情报与数字图书馆(750篇)、档案及博物馆(80篇)、计算机软件及计算机应用(51篇);文献的发表量处于逐年稳步增长的态势,近4年达到比较稳定的峰值(约120篇/年),基础性研究文献(666篇),约占文献总量的62%。

　　这些文献主要围绕图书馆在文献保护与保存中的职能、古籍文献整理保护与利用及存在的若干问题、文献害虫防治技术研究、纸质文献的酸化及脱酸等与传统纸质载体文献有关的探索和缩微技术在文献保护的作用与相关技术问题,以及有关文献数字化的原则与方法、数字文献保存的技术、组织、法律因素及存在的若干问题、文献载体网络化、数字化、网络信息资源的保存等现代信息社会网络信息环境下数字资源的存储与传播、利用等理论与实践。

关于纸质文献的保护,论述、探讨的文献占比较多,内容主要表现在结合纸质文献载体自身的特点,从物理的、化学的层面进行有机结合,提高载体的耐久性,以及对纸质文献周边环境的规范性的探讨。长期从事文献保护研究的武汉大学情报学院高级工程师汪华明认为,要进一步提高纸张的耐久性,采用优质资料,并采取中性抄纸工艺,对损坏的纸质文献及时修复,加强对文献害虫和霉菌的防治以及文献收藏场所的规范化设计。❶

国家图书馆陈魏魏、孙翠玲结合国家图书馆缩微文献保护的具体实践,提出缩微技术的发展方向是将缩微胶片数字化,对缩微品进行由模拟影像到数字影像的转换,为读者提供快速检索、浏览、资源共享及远程信息传递的便捷服务,使文献的利用率大幅度提高:利用缩微片写入光盘,可以节省储存空间,进行光盘检索,提供准确、快捷服务,缩短利用者的调用时间;利用缩微片输入计算机,可以借助网络提供远程信息传递,进行跨国信息服务,既利用历史文化信息的传播,又方便了异地读者的使用。缩微技术与数字信息技术相结合,这样才能"双赢"。❷

2014年11月26日举行的为期四周的"全国图书馆文献缩微工作成果展"显示,随着中国缩微技术30年的发展,彩色缩微、数字缩微等相关技术进步,使缩微技术迎来新的发展机遇。在数字时代,光盘、硬盘等数字资源存储介质易变质、易损坏、数字资源格式易过期和计算机软件更新换代快,都使得数字资源极易丢失或无法使用。缩微技术仍然是国际上通用的长期保存珍贵文献资源的重要手段,珍贵文献以纸本、数字、缩微三种形式共存已成为国际共识。❸

数字化文献的保护主要体现在电子出版物的载体保护,通过数字图像

---

❶汪华明.我国文献保护研究中新成果探析[J].武汉大学学报(社会科学版),2001(2):246-251.

❷陈魏魏,孙翠玲.论国家图书馆濒危文献的保护与开发利用[J].图书馆学研究,2010(2):79-81.

❸全国图书馆文献缩微工作成果展在国图举行[N].图书馆报,2014-12-5.

处理技术保护文献原件、网址信息的收藏和保护以及计算机病毒的防护及计算机网络系统的稳定、安全运行等方面。

梁广寒在他的武汉大学博士论文《中国记忆工程文献遗产整合研究》中总结了出版文化遗产优先数字化的原则:具备高价值的文献,利用率持续排中高水平、濒危的或高龄的文献遗产,已经进入共同领域、不受知识产权保护的文献遗产,易于进行模数转换的文献遗产。在出版文化遗产数字化实践中,往往要考虑到本机构所藏遗产的价值,结合藏品质量及其环境评估结果,制定优先的数字化顺序。

从纸质到缩微胶片/平片再到电子化、数字化,文献的载体形态发生了巨大变化,虽然是不同时期的产物,但目前依然共生共存。如何针对不同文献,采取科技手段加以有效保护并适度传播,是出版文化遗产保护的一个永恒话题。

从文化遗产保护技术宏观层面上看,虽然中国文化遗产保护领域的研究进入前所未有的活跃时期,但也反映出科学技术的有效支撑明显不足,主要表现在"预防性保护"观念相对薄弱(重被动性抢修、轻预防性保护)、"综合性研究"投入相对不足(认为文化遗产保护不是一门科学而是一项纯技术性工作,科研成果较为零散,战略性综合研究明显不足)、"重大专项研究"成果相对缺乏、"成果推广转化"机制相对滞后四方面。❶

第二节　影响文献保存的因素

影响文献保存的因素主要有自身因素、自然因素和人为因素。

一、自身因素

文献载体及材料自身的理化性质决定了文献具有一定的保质期,随着时间推移,载体及材料原有的特性会发生不可逆转的变化而慢慢失去原有

---

❶ 单霁翔.文化遗产保护科学技术发展辩证思考[J].国际博物馆(全球中文版),2008(1)-(2).

的效用,同时文献存放的现实环境也是影响文献保质期的重要外部因素。这就是影响文献保存的自身因素。

从文献载体发展历史看,甲骨、金石、纸草、羊皮纸、纸张到数字资源载体,其保藏寿命各不相同。一些常用载体在一定环境下的保藏寿命差别也较大,如普通纸张为50年左右,高质量纸张约300年,普通质量的磁带寿命为2~5年,高质量的磁带寿命为10~20年,普通光盘的寿命为2~5年,高质量的光盘寿命为30~100年,普通缩微胶片的寿命为10~20年,而高质量的缩微胶片的寿命能达到200年。

当然,即使是同类材料而成分不同的文献载体,其寿命也会有所差别。以纸质文献为例,选用的造纸原料或者加工方式不同,所形成的文献纸张的寿命差异非常大,有的可达上千年,而有的只有几十年。例如,保存至今的宋代文献为数不少且状况良好,已达千年之久,而民国时期的文献距今不到百年的历史,却大都发黄变脆,处于濒临灭失的状态——一个重要的原因是近百年来追求高速的化学造纸方法,在制造过程中大量使用廉价的木材纤维和添加酸性物质,使得纸张的寿命只有50年而且容易碎裂、残破,而图书期刊是保存出版文化最重要的资产,国际图联(IFLA)早在1989年、1991年就已向联合国建议其出版物使用耐久纸或无酸纸。❶

二、自然因素

影响文献保存的自然因素很多,如温度、湿度、光照、有害气体、空气污染、有害生物等,这些因素通过物理的、化学的作用,造成文献载体和材料的功能衰退,缩短文献的寿命。

(一)温湿度

不适宜的温湿度,会大大缩短文献的使用寿命。首先,不适宜的温湿度会加速文献变质,如纸张的脆化、磁带发生化学变质。其次,温湿度波动会导致文献载体形变,如纸张起皱、油墨脱落、封面扭曲变形、感光乳剂剥

---

❶ Ralph W. Worldwide promotion of permanent paper[EB/OL]. National Library News, 2000-4-10.

落等,甚至由于不同的材料膨胀系数不同。随着温湿度波动时,可能导致复合必载体结构破裂,过度的温度也会导致计算机存储系统开启自我保护模式,出现宕机。此外,高温高湿环境,对有害生物繁殖起到一定的促进作用,加速生物对载体的侵害。

(二)光照

光照对文献的影响主要表现在通过光化学反应和热辐射两个途径对文献载体的破坏。

从微观物理化学看,物体中每个分子都需要吸收一定的能量才能与其他分子发生化学反应,如果来自自然光源或人工光源的光能被分子吸收,达到一定能量,就能激活该分子,与其他分子发生化学反应,开启一系列对载体有害的化学反应。

(三)空气污染

由于大多数文献都是需要保存在充满空气的环境中,因此空气质量是影响文献保存的重要因素之一。空气中污染物主要分为有害气体和尘埃颗粒。有害气体附着在载体表面,能形成具有酸性或氧化性的物质,与载体材料发生反应,破坏载体的化学成分,导致其机械强度下降或是物理性能的改变,如纸张褪色、脆化,强度降低甚至碎成粉末。尘埃颗粒会造成文献磨损,同时有具有吸湿性,一方面使文献受潮、变形;另一方面为有害生物的生长、繁殖提供有效的外在环境。

(四)生物侵害

危害文献载体最主要的有害生物包括霉菌、昆虫及啮齿目动物。

霉菌几乎无处不在,它通过空气传播,一旦遇到适合的环境,就会长出大量毛发状菌丝,分泌生物酶,分解纸张、书籍封皮、胶片等有机材料,形成霉斑,很难清除。

昆虫以载体中的涂料、粘结剂、糨糊等材料为食。昆虫不仅蛀食纸张,而且在纸张文献中打洞、筑穴、排泄分泌物,这些行为都会损害文献。

啮齿目动物繁殖力强、生命力旺盛、环境适应力强,它们有非常锐利的牙齿,终生生长,需要通过不断啮咬的动作将牙齿磨短。一旦这种动物进入文献保存环境,文献、家具、设备、电线等都容易遭到破坏。

三、人为因素

战争、盗窃、损毁、非法盗卖是出版文化遗产保护的大敌。不恰当的处置,如搬运不慎、包装不当、持拿失衡、倒置、放置不稳,都可能造成遗产的损毁。被联合国列入世界第11大博物馆的伊拉克博物馆,在2003年美英联军攻陷巴格达后,该博物馆遭到洗劫。战争对于出版文化遗产的破坏性极大,中外的"图书劫""文物劫"不少是由战争带来的。近年来,由于人为因素造成的出版文化遗产损失屡屡发生,如2002年,俄罗斯圣彼得堡一家图书馆馆藏牛顿撰写的珍藏首印本《力学原理》被盗。

正是认识到上述因素的影响,在出版文化遗产保护活动中,人们越来越强烈地意识到技术起着举足轻重的作用。尤其是进入20世纪后期,计算机图文处理技术、材料技术、纳米技术等高新技术在保护领域的应用,不仅凸显了技术的动力,而且给文献保存与保护工作带来了活力。

今天人们普遍认为,科学技术发展是文化遗产保护实现可持续发展的原动力,离开了技术,出版文化遗产保护将显得无力。现代科学技术的广泛应用,使文化遗产保护的科学技术含量不断提高,而现代科学技术和传统工艺的有机结合,则是文化遗产保护科学技术发展的核心内容。无论在广度和深度,在针对性和普适性,在安全性和可靠性等方面均提供了新的思想、方法和手段。高新技术在文化遗产保护中的应用呈现出活跃与多样性的态势。

第三节 文献保护技术

对珍稀纸质文献的保护按技术手段可以划分为传统保护技术和现代化保护技术。传统保护技术包括以下几方面。

（一）保存环境与控制储藏环境的恒温恒湿

JGJ 38—1999（图书馆建筑设计规范）明确规定，基本书库的温度不宜低于5℃和高于30℃，相对温度不宜小于40%和大于65%，特藏书库温度应保持在12℃~24℃，相对湿度应为45%~60%。缩微胶片库的温湿度应按胶片保存时间（长期、短期）、胶片性质（母片、拷贝片）、胶片种类（黑白、彩色）、胶片类型（银盐醋酸片基、银盐聚酯片基）的不同分别确定，长期或永久保存的胶片库，温度应低于20℃，中期保存的胶片库，温度不应超过25℃，并避免温度、湿度在短时间内周期性的剧烈变化。

GB 50174—93（电子计算机房设计规范）明确规定，机房相对湿度为35%~75%，温度为夏季(23±3)℃冬季为(20±3)℃。

采用合适的温湿度调控方法，如密闭、通风、使用专门温湿度调节设备等，使文献保存环境维护在标准范围内，可以有效地延缓文献载体材料的变质。

（二）光照控制技术

在所有光源中，紫外光能量最好，破坏性也最强，是光照控制的重点。采用丙烯酸树脂、醋酸纤维素薄膜等，在不违反消防条例的前提下，安装在窗框上或悬挂在窗户内侧，可以有效过滤自然界的紫外线。同时在阅读文献时，应尽量使用白炽灯。

可见避免可见光损害最理想的状态是让文献一直处于完全没有光照的环境中，但这显然是不可能的。因此，要尽量缩减可见光照时间，避免阳光直射，尽量使用发出紫外光少的光源照明。如果文献需要通过展示来体现其艺术价值，也要避免长期展示，这是因为光损害具有积累性，即使是低强度的光照，只有时间足够长，也会损伤文献载体。

（三）空气质量的监测与控制

提高文献存放空间的密闭程度有助于外界空气污染物进入室内，但同时要注意，密闭措施需要与适时的通风换气相结合，缺乏通风的长期密闭，可能使库房内空气污染物浓度累积，对载体形成损害。

加强空气过滤与净化对保存区域定期清扫,结合使用化学滤毒器、湿式除尘器等设备,使用机械化的方式过滤空气尘埃微粒。对空气中的有害气体,采用利用适当的碱性液体与酸性有害气体发生化学反应的吸收法和利用固体吸附剂粗糙不平的表面或缝隙的吸附剂(如活性炭、活性氧化铝、硅胶及分子筛等)来吸附有害气体的吸附法。采用吸附的方法,对保护文献尤其有效。

(四)生物侵害的防治

生物侵害的防治,应采取"以防为主、防治结合"的方针。

微生物侵害防治。主要是防止或抑制以霉菌为主的微生物在文献环境的生长和繁殖,避免对文献材料的破坏。通过控制温湿度、保持文献洁净及药物(如卤素、烷化剂、酚类)防霉等方式加强对有害微生物的预防,通过使用熏蒸法、拭抹法、喷雾法、浸渍法等化学除霉法和真空法、冷冻法、干燥法、微波辐射法、γ射线照射法等物理除霉法对有害生物灭杀。

昆虫侵害防治。通过密闭门窗、控制温湿度、切断昆虫食物来源、清洁环境以及对新入藏文献进行害虫消杀处理等方式预防昆虫侵害。通过物理杀虫法(如低温杀虫法、气调杀虫法)、化学杀虫法(如触杀法、胃毒法、熏蒸法)对入侵昆虫进行消杀。

鼠害防治。文献保存鼠害防治应从其生长发育必需的环境因素出发,依靠日常维护及清洁,消除建筑内部及周边适合其生活和环境,通过温湿度调节、水源控制、内部清洁、驱鼠药物及设备的使用,达到防治鼠害。

(五)纸张去污、加固、修补

纸张去污指去除纸张上可能积聚的灰尘,或者留存有存储过程中发生的霉菌、墨渍、泥污、水渍、食物裂变等各种污渍斑点,不仅可能影响字迹的清晰度,还可能影响纸张以及字迹的耐久性,通过去污,可以延长纸质文献的寿命。主要方法有机械去污(除尘、去除黏性胶带的痕迹、去斑)和溶剂去污(水洗、有机溶剂去污、氧化去污)。

纸张加固是用来加强纸张的强度,通过加固技术来提高纸张以及字迹的耐久性。主要技术有托裱加固（干托、湿托）、涂料加固（常用涂料有明胶－甘油溶液、乙基纤维素溶液、氟树脂溶液、有机玻璃溶液、羧甲基纤维素、聚丙烯酸甲酯溶液）、薄膜加固（热压加膜、溶剂加膜）、丝网加固、辐射加固。

　　纸张修补是使用手工或机械的方法，将选定的纸张材料与残缺、撕裂的文献纸张黏合在一起，从而加固纸张强度、恢复文献原貌、延长文献保存与使用寿命。主要包括纸张揭分技术、纸张补缺技术、纸浆补书技术、纸张托补技术、纸张的修整与装订技术等。

（六）胶片文献、磁性文献、光盘文献的修复

　　胶片文献因自身制作材料和工艺的原因、使用和保存因素的影响，可能会出现扭曲、变形、表面擦伤、撕裂、孔洞、孔剂层脱落等机械损伤，灰尘、油污、霉斑等污损，胶片上也可能出现影像密度下降、色彩变暗、胶片粘连等。根据受损原因和损害程度不同，主要包括以下修复方法：除尘、去油脂、去斑、去折痕划伤、恢复胶片弹性、恢复褪色影像等修复技术。

　　磁性文献在保存和利用过程中会发生物理化学变化，引起盘片老化、脆化、形变、断裂以及磁记录剩磁、信号失真、噪声变大、磁粉脱落、磁性层带基剥落。常用的修复技术有如下方式：除尘、褶皱修复术、剪接术以及减弱、消除磁带的复印效应修复。

　　光盘文献相比于纸质文献、磁性文献具有便于检索、海量存储、信息保真度高等优点，但又有损坏后修复困难等缺点。因此，光盘文献一般要注意及时复制、保管，并且发现损伤要及时处理，可尝试的使用技术有：除尘、除油污（使用材料为羊毛刷、蒸馏水/光盘清洁液）、极轻微扭曲光盘的修复（如玻璃板平整法）。

　　作为出版文化遗产的珍稀纸质文献不断地衰老、灭亡，这是不以人的意志为转移的客观规律。如今，随着数字化技术运用于出版文化遗产的保护，这些遗产正在演绎"不死"的神话。

　　出版文化遗产数字化是使用数字化技术将出版文化遗产的平面与立体

信息、图像与符号信息、声音与颜色信息、文字与语义信息等，表示成数字量，并方便存储、再现和利用的技术。主要技术有：信息获取技术（数码照相、三维扫描、信息采集技术等）、图像处理技术（图像处理软件与硬件、三维重建技术、数字水印与信息隐藏技术、视频处理技术、多媒体信息融合技术等）、网络技术（网络平台、动态链接等）、显示技术（快速检索、快速显示、数据可视化等）、存储技术（元数据格式与模型、数据压缩技术、图像检索等）、虚拟现实技术（多媒体技术、可视化技术、三维动画技术等）以及相关技术（网站技术、光学、文物、考古、图书、档案技术等）。

通过数字化技术的运用，可以在不接触原物的情况提供数字化产品，这使得原物得到了有效的保护。当然，数字化的作用远不止于此。在图书馆，数字化的各种作用中，"有利于保护馆藏文献"被列在首位，"通过馆藏文献的数字化可能减低原件丢失和损坏的风险"。●这充分表明了数字化对保护出版文化遗产原件所起的重要作用。

出版文化遗产现代保护技术主要体现在以下两方面的应用上。

第一，信息迁移——将传统载体文献通过影印出版、缩微、数字化等技术手段，对珍贵文献实施再生性保护。

利用现代信息技术对传统载体文献进行整理和保护，建立数据库，不仅可以相对真实、稳定地保存纸张文献原貌和内容，而且可以使纸质文献退出流通借阅环境，入库封存并得到长期保存，同时为读者提供更为便利、快捷的纸质文献信息检索服务。传统文献特别是古籍文献数字化是其保护和利用最有效、最科学的方法，是对中华传统文化传播和继承方式的革命。

第二，网格化布局、云存储、云计算、大数据、信息交互——以计算机网络为基础的信息数字化存储与利用，克服时空局限。

"数字时代"的来临，为科学技术人员科学保护好出版文化遗产、深入挖掘其人文价值，带来了新的契机。以电子信息技术为载体，可以使出版文化遗产的数据实现永久保存、升级扩容，通过将计算机网络技术与出版

●吴慰慈.图书馆学基础[M].北京：高等教育出版社，2004.

文化遗产资源进行有机嫁接,可以更加广泛地揭示其潜在的综合价值。今天,作为国家科学技术发展战略,"把数字技术文化遗产化"和"把文化遗产资源数字化",是出版文化遗产保护面临的紧迫任务。❶

　　尽管出版文化遗产数字化资源有待于整合,也存在这样和那样的问题,但是,在保护、传播文化遗产方面所起的作用已为实践所证实。法国对于那些易脆、易损的档案文件、地图、缩微胶片等优先进行了数字化,提供数字化产品的应用,同时将原件保存在合适的条件,从而有利于这些文化遗产的保护。❷

第四节　保护实践——以国家图书馆为例

　　国家图书馆从最初的馆无定所,到以文津街馆舍为主体的固定馆舍,再到紫竹院新馆舍,新馆二期工程的建设,藏品收藏条件一步一个台阶得到改善——善本古籍等藏品库温湿度可按标准达到恒温恒湿状况,空调系统还能过滤一部分有害气体,对库房有害气体的监测也从2003年正式开始。此外,进入善本古籍库的藏品在入库前,必须进行冷冻杀虫处理。

　　为合理保护、开发、利用善本古籍,国家图书馆及国家图书馆出版社具体承办了中华再造善本工程,这是2002年5月正式实施的国家重点文化工程,由财政部、文化部共同主持。工程将分藏于国家图书馆、公共和高校图书馆、博物馆的馆藏珍贵古籍善本,通过大规模、成系统的仿真影印出版,使其化身千百,"继绝存真,传本扬学",为学界所用,为大众所共享。作为一项弘扬中华优秀传统文化、繁荣学术研究的重大文化工程,全书共分五编,一期是唐宋编、金元编,共计787种,续编是明代编、清代编、少数民族文字文献编,共计551种,重点是明、清两代版本稀少、文献及学术价值较高的珍贵古籍。

　　中华再造善本工程的实施,使散藏于各地的古籍善本予以系统整理,

---

❶单霁翔.文化遗产保护科学技术发展辩证思考[J].国际博物馆(全球中文版),2008(1).

❷周耀林.法国档案文件数字化实践[J].北京档案,2002(4).

散落异地的同种善本得以完璧归赵,诸多残本得以补全,并有效地解决了善本收藏与利用的矛盾,使具有学术研究和文献收藏价值的珍贵典籍从深阁内库走进高等院校、公共图书馆这样的科研、文化传播前沿,摆上学者的书案,还流传到海外,在学术研究、文化传播、出版文化遗产保护中发挥重要作用。❶

近两年,"大数据"已经成为IT界继"云计算"之后最热门的词,伴随着大数据时代的到来,承载着知识存储、利用和开发重任的传统图书馆也开始向数字图书馆转型。数字图书馆时代的到来,给传统的图书馆模式带来了巨大挑战,从线下传统图书馆过渡到线上,首先需要解决的是数字化后的千万数量级书籍的数据存储问题。

从1987年起,国家图书馆开始致力于电子出版物的收集与馆藏书目数据库的建设,2000年起开始有计划地进行馆藏特色资源的数字化建设。2005年10月,由国家图书馆主持建设的国家数字图书馆工程获得国务院批准开始建设,工程明确提出了建设世界上最大的中文数字信息保存基地和中文数字信息服务基地的目标。截至2013年年底,国家数字图书馆资源总量已达874.5TB。❷

第五节　信息技术应用于雕版印刷技艺保护与传承的新探索

在中国积极推动文化遗产保护的政策背景及"保护为主,合理利用"策略指导下,尝试用虚拟现实技术应用于雕版印刷技艺保护与再现的研究将信息技术对印刷相关文化遗产保护的应用进行探讨。通过将信息与通信

---

❶《中华再造善本续编》展示与文献保护利用研讨会在京召开[EB/OL].(2014-07-08)[2016-10-0]. http://www.ndlpress.com/newsview.aspx?iid=95

❷李雪.数字图书馆迎大数据时代:将整合资源,提供深度服务[EB/OL].(2014-11-5)[2016-10-8]. http://news.china.com.cn/live/2014-11/05/content_29688719.htm.

工程一级学科与印刷文化遗产保护进行结合,从信息技术、虚拟现实技术应用于文字三维模型的建立,进而用于印刷工艺流程虚拟仿真的理论研究都会具有积极的理论意义。

通过基于虚拟现实技术实现雕版印刷工艺流程的虚拟仿真,再在后续的研究过程中,扩展到对木版水印、木版彩色年画等印刷文化传承的虚拟仿真,并且最终与3D打印结合,能够很容易地实现印刷工艺中的雕版、木版等实物模型的生产,比现在印刷工艺中只能通过激光雕刻或者手工雕刻进行印版生成会方便很多,且简单可行。

本书通过对国内相关专业研究团队的调研得知,利用三维手工建模、文字三维模型自动生成、三维场景创建等技术,针对雕版印刷工艺流程、活字印刷工艺流程等印刷文化遗产相关的文化传承工艺,可以制作能够实现相应流程的可操作、可交互的三维虚拟现实应用作品。

基于这种印刷流程三维虚拟现实应用作品,用户在电脑上就可以进行印刷流程的虚拟仿真操作,并且在操作过程中学习到传统的印刷工艺相关知识,从而在不需要实际操作实物的前提下,达到传承印刷文化知识、推广印刷文化的目的,进而起到保护印刷相关的物质文化遗产及非物质文化遗产的作用,同时传承了传统印刷文化。

在传统印刷工艺流程三维虚拟现实应用的实现过程中,流程本身基本是固定的,但是其中排版的文字(活字印刷)或者雕版中的文字(雕版印刷)是根据印刷内容而千差万别的。

在研究过程中,采取手工建模与自动建模相结合的策略,针对传统印刷工艺流程中不变的部分采用手工三维建模的方式予以实现;针对印刷内容等每次印刷都不同的部分,比如泥活字中的文字以及雕版印刷中的雕版,采取基于计算机自动生成三维模型的方式实现文字或雕版三维模型,包括手工建模、自动建模以及三维场景结合这3个部分的内容。

一、基于手工三维建模方式,研究活字印刷工艺的虚拟现实应用实现方法

这部分的研究内容主要是基于3DMax人工建模工具以及Unity3D平台,实现活字印刷工艺流程的三维展现以及交互式虚拟操作。

由于建模部分采用的是人工建模方式,所以其中的泥活字模型就是固定的一些文字内容,而且字体、字型无法改变;再通过3DMax实现工艺流程中的其他物体的建模,比如活字印刷中的排版转盘、置范铁板;最后将这些手工三维模型与活字印刷的场景基于Unity3D平台进行整合,在Unity脚本语言的支持下,实现三维仿真作品的交互式互动功能,从而实现手工建模方式的传统印刷工艺流程的三维展现及互动操作。但是这种作品中,由于可变化的泥活字或者雕版内容固定,还只能起到传统印刷文化知识教育的目的,没法进行应用推广。

二、基于计算机编程方式,研究任意文字的三维模型自动生成理论及实现方法,以动态生成活字印刷中的活字模型及雕版印刷中雕版模型

进行传统印刷工艺仿真操作时,为了更好地提升用户体验,针对不同用户对印刷内容要求的不同,拟在第二阶段研究基于计算机编程的方式,实现用户录入文字的三维模型自动生成。这项功能能够根据用户录入的不同印刷内容,生成相应的泥活字或者雕版三维模型,然后用户可以使用个性化的泥活字模型或雕版模型进行传统印刷工艺流程互动式体验。

针对这部分的研究,拟采用OpenGL进行计算机编程,程序模块通过读取用户录入的文字信息,分析并获得对应文字的笔画走势信息,利用OpenGL中计算机图像处理相应底层函数,实现文字的三维化建模。

三、将活字或雕版三维模型的自动生成方法与印刷工艺虚拟现实应用相结合，实现相应工艺流程的个性化虚拟应用效果

在前面两部分工作的基础上，完成工艺流程场景与自动生成文字三维模型相结合，从而达到能够为用户提供个性化印刷内容的体验效果，为项目成果进行推广做好准备，进而起到将印刷文化传承发扬光大的作用，即实现了对传统印刷文化遗产进行保护、合理利用的目的，完全符合中国"保护为主，合理利用"的文化遗产保护指导策略。

该项研究以应用创新为主，具体包括以下几方面。

（1）通过实现活字印刷工艺交互式虚拟操作的用户体验效果，创新性地将虚拟现实技术与传统印刷文化遗产保护应用进行结合，为数字媒体技术应用于印刷文化产业提供理论及工程实践上的探索。

（2）基于自动生成任意泥活字三维模型的技术，在以虚拟现实方式进行活字印刷文化遗产传承过程中，创新性地为用户提供了个性化内容的活字印刷虚拟操作功能，增强用户体验。

（3）通过自动生成不同文字内容的雕版模型，在以虚拟现实方式进行雕版印刷文化遗产传承过程中，创新性地为用户提供了个性化内容的雕版印刷虚拟操作功能，为进行印刷文化遗产保护提供理论及工程实践基础。

创新点包括以下几方面。

（1）通过实现活字印刷工艺交互式虚拟操作的用户体验效果，创新性地将虚拟现实技术与传统印刷文化遗产保护应用进行结合，为数字媒体技术应用于印刷文化产业提供理论及工程实践上的探索。

（2）基于自动生成任意泥活字三维模型的技术，在以虚拟现实方式进行活字印刷文化遗产传承过程中，创新性地为用户提供了个性化内容的活字印刷虚拟操作功能，增强用户体验。

（3）通过自动生成不同文字内容的雕版模型，在以虚拟现实方式进行雕版印刷文化遗产传承过程中，创新性地为用户提供了个性化内容的雕版

印刷虚拟操作功能,为印刷文化遗产保护提供理论及工程实践基础。

针对活字印刷、雕版印刷等印刷工艺流程,实现对应的三维虚拟现实应用软件。为传承和推广传统印刷文化提供技术基础,人们不再必须到博物馆参观学习印刷文化知识,只需在电脑上操作本项目成果即可,而且能为用户提供交互式虚拟操作的体验效果。

第十二章　百年老店商务印书馆的
出版文化遗产保护与传承

研究中国的近现代出版史，自然无法绕过商务印书馆（以下简称"商务"）这个百年老店。商务印书馆的创立标志着中国近现代出版业的开始。它对中国近现代出版业的贡献之大、影响之深是载入史册的。它与北京大学同时被誉为"中国近代学术文化的双子星座"。鉴于"商务"在中国近现代出版业中的地位和价值，以商务印书馆为切入口探析其出版文化遗产价值，从出版机构角度探讨出版业机构组织的出版文化遗产保护与传承，也是我们研究出版业文化遗产保护的一个重要课题。

第一节　业界对商务印书馆的研究述略

作为一家百年老店，"商务"很早便引起了学界和业界人士的广泛关注与研究，产生了丰富的研究成果。主要可以归纳为以下几类。

一、关于"商务"有代表性历史人物进行的生平追忆、贡献梳理和评价

有关"商务人"的研究文献可以说是所有资料中占比最大的一个部分。

"商务"各届领导人对人才的渴求直接促进了其时为数众多的知识分子群体与"商务"之间的紧密联系,或直接参与"商务"的出版工作,或间接地与"商务"形成作者和出版方的关系,二者兼具的也不占少数。这些先进人才的加盟为"商务"的发展繁荣贡献了巨大的功劳。"商务人"中有关夏瑞芳、张元济、王云五三人的文献最具规模。笔者接触到并认为具有代表性的专著有王绍曾《近代出版家张元济》、叶宋曼瑛《从翰林到出版家——张元济生平与事业》、张学继《出版巨擘——张元济传》等有关张元济的,还有评述王云五的如王建辉《文化的商务——王云五专题研究》,还有台湾的蒋复璁等编著的《王云五先生与近代中国》、徐有守《出版家王云五》等诸多文献资料。夏瑞芳、高梦旦、庄俞、杜亚群等对"商务"发展做过突出贡献的"商务人"的文献研究也相对较多,如杨丹丹、陈哲文的《商务印书馆的谋"国"之臣高梦旦》、王建辉的《科学编辑杜亚泉》和《商务元老庄俞》、宋路霞《从放牛娃到中国出版界先驱——记商务印书馆创办人夏瑞芳》等。

二、论述"商务"为近现代思想文化教育事业所奉献的有开拓意义、引领时代先锋的代表作品

或许被更多大众所熟知的就是人们从小到大所接触过的"商务"读物了。诸多研究"商务"的专家学者在研究过程中也是始终无法避开"商务书"而孤立地谈"商务"的。且在具体研究"商务书"的同时,又多少都会涉及相关的"商务人"和某段特定历史时期里某些书所起到的文化教育作用。甚至还有许多硕、博士论文会从某一具体期刊、书籍入手,结合时代背景和内部机制的影响来分析其发展历程和对中国近现代社会的影响。较为典型的有陶海洋的博士论文《"东方杂志"研究(1904—1948)——现代文化的生长点》、端传妹的博士论文《媒介生态与现代文学的发生——"小说月报"(1910—1931)》、金欣欣《商务印书馆与"新华字典"》、李玉莹的硕士论文《商务印书馆与近代中学历史教科书编撰》、蒋广学《商务印书馆早期教科书的历史意义》等多集中于教科书和期刊方面的文献资料。

三、评析"商务"的企业经营管理思想模式与实践

"商务"在不同时期、不同人物带领的主客观背景下均有着截然不同的生存环境。分析"商务"的企业经营模式和出版理念方面的文章相比著作数量更多。王建辉在《出版与近代文明》《文化的商务——王云五专题研究》书中针对"商务"企业制度的一些方面做过简要分析,把握较为到位,但缺乏系统性。范军、何国梅的《商务印书馆企业制度研究(1897—1949)》一书是笔者目前读到的唯一一本专门研究其企业运作方面的著作,该书集中、全面、系统地从纵向和横向相结合的视野整理分析了"商务"的产权、组织和管理,有着较高的研究价值。

文章方面如赵东喜在《试析近代商务印书馆经营之道》中首先从产生的历史背景分析了当时的外部环境,接着以夏瑞芳、张元济和王云五为例分别阐述他们各自在经营"商务"时对待人才、技术、制度的管理办法;刘洋的《商务印书馆(1897—1949)对中国现代出版业的启示》的第四部分里分别从树立品牌意识、重视读者市场、善用广告媒体角度讲述了"商务"的营销手段;程业炳、韦文联的《张元济在商务印书馆的人力资源管理思想》和杨卫民的《王云五与商务印书馆的繁荣》是就张元济和王云五两位成就"商务"百年老店名气的人物来说明他们的管理理念。还有李映辉的《论商务印书馆早期成功之道》中以大量史实和事实论述了早期"商务"在经营管理上可资借鉴之处。

四、"商务"发展历程中与社会历史进程的风云激荡

"商务"之所以在近现代文化史以及出版史中具有举足轻重的位置正是由于其以自身对出版、教育、文化界所造成的积极影响而实现的。回顾自清末宪政起,包括辛亥革命、新文化运动和近现代以来多次中西文化争议,以及教育改革的活动,"商务"无不参与其中并以自身力量对其产生着不容小视的作用;同样受外界因素作用对自身的发展步伐也造成一定的影

响。相关方向较著名的著作有史春风的《商务印书馆与中国近代文化》,该书从其发展崛起入手,分别将"商务"与近代政治思潮、近代中西文化、近代教育和近代文化名人相联系,逐步详细介绍了"商务"在近代文化史中所起到的非凡作用,是研究"商务"与近代文化关系方面难得的一部著作。从更具体的时间节点描写"商务"与历次思想文化运动思潮和改革的文章数量尤为颇多。笔者接触到的较有代表性的如王中忱的《五四新文化运动时期的商务印书馆》、黄剑的《从消极到顺应:五四时期的张元济和商务印书馆》、李雅的《民国时期商务印书馆儿童读物的出版与阅读》,还有潘文年《商务印书馆的文化贡献》、王晴飞《商务印书馆与新文化运动》和张蓉《商务印书馆与清末新式教科书的发展》等诸篇文章。

五、"商务"馆史研究

汪家熔在20世纪90年代整理自己多年来撰写的多篇与"商务"有关的文章并结集出版的专著《商务印书馆史及其他——汪家熔出版史研究文集》,书中诸多首次公开的第一手资料为后辈从更多角度、层面研究"商务"提供了翔实的内容。还有为了配合馆庆,增加"商务"同人和社会各界人士对"商务"了解、认同而自行编著的文集丛书,如《商务印书馆九十年》《商务印书馆一百年》等,以纪年的形式将"商务"的发展历程连贯起来,这为相关研究者提供了重要的参考。

第二节　商务印书馆的出版文化遗产梳理

商务印书馆这个已走过百年历史、2017年度过120周岁生日的"百年老店",在它辉煌的履历中留下了太多值得我们国人珍视出版文化遗产,无论是那些卓有建树的大出版家的精神品格,还是享誉盛名的出版物,又或是独具内涵的出版文化精神和别树一帜的出版经营管理模式,这些"商务创造"无论在过去,还是当下乃至未来,都是值得我们借鉴并予以保护、传承的出版文化遗产。如果从"商务"宏大的历史层面提炼出若干最亮点,以下可以说是商务有代表性的出版文化遗产。

一、"商务人"

出版人永远是出版行业里的核心要素,直接且深刻影响出版行业的发展走向以及命运。"商务人"——曾任职"商务"或与"商务"有密切关系者的自称。❶这其中对"商务"的整个出版格局和品牌塑造起到最关键作用的人物非张元济和王云五两人莫属。他们作为"商务人"的杰出代表,其卓越的专业精神品格与卓著的行业功绩堪称中国出版业的宝贵遗产。

(一)张元济

"昌明教育平生愿,故向书林努力来;此是良田好耕植,有秋收获仗群才。"张元济用一首七绝简明地将自己平生的理想和对商务的评价挥于笔下。从他放弃仕途本着"逢人说法,能醒悟一人,即能救一人"的思想走向"可以提携多数国民,似比教育少数英才尤要"的出版业之时起,便将毕生的心血奉献给了出版业,为商务印书馆发展成为首屈一指的近代中国出版企业和近代中国文化教育事业做出了卓越贡献。

1. 文化追求与经营理念,在张元济身上得到了和谐的统一

"商务"从创建开始,即表现出对图书市场的重视,显示出非凡的触觉。它的第一本正式出版物《华英初阶》的出版和畅销,就是最佳的例证。张元济入馆后,将文化人和商人的双重身份有机结合,以"儒商"的姿态服务于商务印书馆。张元济带领"商务人"精心谋划出版了《最新教科书》,开创了近代教科书编撰的新体制和新思路,在中国现代教育史上具有开创性的意义。借此,"商务"在民国成立前一直位居教科书市场的首位,也因此,引来了众多出版机构的争相仿效。1912年,中华民国成立。因此而创立并恰逢其时地出版了适应民主共和观念需要的《共和国教科书》的中华书局,自以教科书发家之后,成为"商务"在教科书市场的有力竞争对手,两家出版企

---

❶李家驹.商务印书馆与近代知识文化的传播[M].北京:商务印书馆,2005:90.

业自此在宣传推广方面开始使用各自的举措。张元济作为领导,在与中华书局,包括世界书局等多家出版机构进行教科书市场竞争中,便充分利用了广告的影响力积极推广本馆教科书,以保持自身在教科书市场的领先地位。这时宣称"以研究教育改良学务为宗旨"的创办于1909年的《教育杂志》也同时成为商务推广教科书的阵地。

2. 守旧与创新二者之间,张元济取舍有道

张元济本出身于传统学人世家,自幼深受中国传统文化的熏陶,具备深厚的旧学素养。[1]而当他从晚清时期的中国社会所面临的内忧外患中认识到普及教育、开启民智的重要性时,他开始对西学新知有了热切的关注。但同时,在对待中西文化的问题上,他并没有偏废于一方,而是站在调和中西文化的时代制高点上,以守正趋新的态度领导"商务"开辟了新书业的道路,塑造了"商务"的出版特色,成为中国现代出版业发展的先行者。这种创新、开放的出版理念仍非常值得当前多媒体融合出版的发展趋势下的出版人领会学习;同时,这种以"出版须有裨文化"的职业理想也是出版人需要永恒坚守的信仰和准则。

有感于因战局频仍、政局不稳的现实环境致使大量珍贵古籍流失和被破坏的情形,他立志"抱残守缺,责在吾辈",开始了走访各地搜寻各类版本的珍本、善本古籍,并精心编校,影印出版。在他亲自策划下,出版了《涵芬楼秘笈》《四部丛刊》《续古逸丛书》《百衲本二十四史》等多部古籍丛书。张元济同时大力提倡"西学",为西学新知的普及传播推波助澜。如"汉译世界文学名著""世界文学名著丛书""帝国丛书"等一系列的丛书,还有"严译名著""林译小说",以及《东方杂志》《教育杂志》《小说月报》等具备先进意识的刊物。纵览"商务"史上所创办过的杂志,"不但属于它那个时代,还属于今天,属于未来,它们属于人类文化史上的坐标。"[2]"商务"的许多杂志之所以能体现出跨时代的精神和价值,这与从张元济主政时期树立的创新观念是分不开的。

---

[1]吴楣.从人物比较看张元济的出版人格构建[J].出版广角,2012(8):76–78.

[2]杨牧之.我们的事业并不显赫一时[M].北京:人民教育出版社,1999:166.

在人员任用上,张元济也曾提及多招新学问之人。他的这种尊重、重视人才的思想直接体现在商务印书馆的出版物质量上。随着众多具备新学知识人才的加入,"商务"汇聚了一大批在各学科领域可称得上一时之选的知识分子,这为"商务"的发展壮大起到了不可估量的作用。标志汉语辞书的编撰进入了一个新的历史阶段的《辞源》一书,就是在他的策划和指导下才得以启动和进行的。

3. 大格局成就"大出版"

"大出版"概念的提出其实源于21世纪出版产业的高级化发展而来,主要表现为组织经营的规模不断扩大,以及数字出版的产生所带来的融合发展趋势。我们将20世纪早期在张元济主政时期的商务印书馆的出版格局称为"大出版",正是基于对当时"商务"的组织经营形态的理解和认定。作为当时"商务"的负责人,张元济个人的眼界见识直接影响了商务的发展格局。张元济把在"商务"的工作完全当作一项为国为民的事业来做,这里是他实现此抱负的基地。甚至可以说,张元济时期的"商务"经营规模和涉足领域已经初具了当代出版集团的雏形。但归根结底,这些附属于"商务"的众多组织机构都是围绕着教育的主旨而成立和发展的,都是为了实现"商务""开启民智,昌明教育"的使命而服务。张元济高瞻远瞩的出版理念在那个还没有"产业"概念的时代里尽管曾一度被个别人所质疑,但放眼当下的出版业发展模式,我们会发现他的"大出版"理念所具有的前瞻性和先进性对当代出版人进行出版工作所具有的启迪和指导意义。

（二）王云五

王云五在1921年至1946年这25年里,改革和复兴成为他在"商务"经历的主要脉络。20世纪20年代的商务尽管已位居当时中国出版业的龙头,但冗员问题以及引起的工潮运动仍很大程度上影响着商务的进一步发展以及与社会新形势的接轨,王云五自身具有的强势个性和"遇强则强"的处世作风确实给那个时期的"商务"带来新的气息,使"商务"继续保持与时代同步伐,稳居出版业的首位。而20世纪30年代的两次国难,使"商务"先后濒于危殆之际,其后的艰难复兴虽离不开"商务"同人的齐心协力,但王云五在复兴中所起的作用是不可小觑的。

1. 逆浪前行,坚定革新

1921年,经胡适举荐而进入商务印书馆的王云五,初到不久便对编译所按照新文化的要求和资本主义文明时代的要求进行重组,按照现代学科分类,并引进大批新人。但由于"商务"自来存在"教会派"和"书生派"的阵营,两派在经营理念上存在诸多矛盾。因此,王云五初来乍到就显现出的改革魄力是"教会派"的保守人士难以接受的,自然改革的实施也就颇受阻挠。但是这次改革却给商务带来了新文化气象,新文化、新知识在商务印书馆开花结果。10年后,1930年王云五从欧洲考察归国出任总经理,他提议在馆内实行科学管理法,采用西方先进的企业管理方式提高出版效率,解决馆内长期以来存在的管理松散、人事不清等问题。王云五有着诸如"一个积极的文化企业家""应用科学管理法第一人"和"中国出版业的科学管理之父"等多个称号。

2. 自学上进,追效求新

与张元济、蔡元培、胡适等人出身学堂不同的是,他基本属于自学成才的一类。王云五对新知识一直保持极大的探求兴趣。四角号码检字法和中外图书统一分类法的发明,就是最好体现王云五善于动脑、勤于研究的例证。前文介绍过的20世纪30年代他所推行的科学管理法,主张采用国外先进的企业管理方式是他在效率上的追求。不过,由于过分追求效率,致使与实际条件的不符也导致他的一些改革举措没有取得最后的成功或并不彻底。

3. 蒙受国难图自强,危难之际显身手

20世纪30年代的商务印书馆被称为史上的"黄金年代",也是"商务"多灾多难的时代。1932年的"一·二八"事变,日本军队的袭击致使商务印书馆遭受了甚为惨重的损失,总管理处、总厂、编译所、东方图书馆、尚公小学和其他多处机构均在大火中毁于一旦,东方图书馆中张元济数十年辛勤搜集所得的几十万书籍竟无片纸存留。作为当时最大的文化教育机构,其文化上的损失于"商务"、于国家都是最大的灾难。此生死存亡之危急关头，掌管大局的王云五率领"商务人"开始了复兴之路。在半年多的艰苦努力之下，"商务"以奇迹般的速度恢复了营业。在王云五的"为国难而牺牲，为文化而奋斗"号召下，"商务"相比以往更加快了出版速度，宣布"日出新书一种"，以此振奋了员工，更于民众中树立了良好的形象，出书规模和实际资产均超过了"一·二八"前夕，创造了历史上最为辉煌的时期。之后1937年的"八·一三"事变也在王云五的组织下及时疏散了资产，在内地和香港多处开展出版工作，尽可能地将战争的影响降到最低以维持基本正常的生产，为抗战初期的文化教育做出了宝贵的贡献。

二、"商务书"

对"学术出版重镇"和"工具书王国"的出版认知是业界对于"商务"在以翻译外国哲学和社会科学方面为主的学术著作以及编印中外文词典的出版领域的认可。梳理分析"商务"出版史上留下的体现时代内涵并具有传承价值的出版物，对我们当代出版具有借鉴和启示意义。在此基础上，还可以对具有传承价值的出版物利用当代技术手段和营销手段进行更好、更多层次的开发利用，使其光彩永恒。这里笔者将根据教科书、工具书、古籍图书、西学图书、期刊的分类，选取"商务"发展史上这五类图书中颇具代表性和影响力的一种或几种进行文化遗产价值探析。

（一）教科书——"大学丛书"

商务印书馆在1949年新中国成立前的出版业占据着教科书市场的6/10的盛况，《最新教科书》《共和国教科书》《实用教科书》等众多"得风气之先"的教科书，为"商务"带来了"教科书巨擘"的称号，其中作为中国近代新式教科书发轫之作的《最新教科书》也是一直以来被人们讨论最多、称赞最多的。在王云五带领"商务"开辟大学教科书市场之前，其出版范围也主要集中于中小学教科书，新式大学所需教材长期被外文教材占领着。

"大学丛书"先后出版超过300种，近2/3为国内学者著作，具有非常高的学术水平,对当时大学教育和学术的贡献是极高的,有些著作至今仍有相当高的学术价值,如冯友兰的《中国哲学史》、马寅初的《中国经济改造》、萨本栋的《物理学》等。❶

"大学丛书"的出版是具有开创性的事件。它不仅标志着中国大学的独立,更在世界出版史上为大学教材的出版开了先河,对中国大学教材的科学化起到了推动作用。❷在今天同质化选题严重的出版业市场,出版人有必要学习领会出版前辈们精准独到的出版视角,找寻尚有待开发的出版物市场,做大做细,为社会创造更多精神文化财富的同时也能够开拓企业更广阔的发展空间。

(二)工具书——《辞源》《新华字典》

自1908年起,在张元济的策划和指导下,投资巨大且编辑人才雄厚的《辞源》编撰工作历时八年之久终于在1915年出版问世。本着"钻研旧学,博采新知"的编撰方针和"内则搜罗诸子百家,外则采辑各种科学"的编撰方法,《辞源》作为一部融旧学新知于一炉,内容广泛而又便于查检的新型辞书,首创中国化辞书独特体例,满足了社会的需要,在当时思想界、学术界、文艺界、教育界都产生了巨大影响,因而广受欢迎,成为20世纪初中国文化转型期的标志性成果。

距《辞源》首版的问世已过了一个世纪,但"辞源精神"已融入了"商务老店"每一代人的心中,成为"一辈人接一辈人的事业",谱写了中国辞书史上的世纪传奇。至2015年《辞源》第三版的问世,《辞源》已经过三次修订,但它的基本性质仍然不变,只是为了时代的演变和文化的更新而做必要的增改,新旧贯通。《辞源》的修订从不是一项容易的工作,没有大量专家和编审人员的齐心通力合作,没有高强度的工作劳动和对文化传承的使命意识,是不可能做好这项工作的。这种精神,倘若能借由"辞源"之源发散出去,渗透进每个领域,那将带来怎样的文化气象,又将筑就怎样的中

国之魂！❶

　　"有中文书的地方，就有《新华字典》。"《新华字典》在2016年被吉尼斯世界记录机构赠予"最受欢迎的字典"和"最畅销的书（定期修订）"两项记录。《新华字典》是中华人民共和国成立后出版的第一部以白话释义、用白话举例的字典，也是迄今最有影响、最权威的一部小型汉语字典，堪称小型汉语语文辞书的典范，为中国的语言文字事业和教育文化事业做出了巨大贡献。同《辞源》一样，《新华字典》从初版至今已推出了11个版本，除此之外，大大小小的修订次数不计其数。其目的归根结底都是更好地结合社会文化和语言生活的深刻变化，保持与时俱进的精神，赋予《新华字典》传承文化的功能与使命，使其具有时代内涵。随着全球汉语热的持续升温，汉语学习和汉语词典的需求也是日益突出。2016年，"商务"更与多年的合作伙伴——牛津大学出版社共同合作拟推出《新华字典》和中国第一部规范性现代汉语词典这两部中国市场中小型汉语工具书"母典"的汉英双语版，在提供给世界各地的人们学习汉语方便的同时，也使"商务"的金字招牌走出了国门，扩大了"商务"品牌影响力，更是响应国家"出版走出去"战略号召的积极尝试。

（三）古籍图书——《四库全书》

　　《四库全书》从乾隆年间编撰完成到20世纪初期，饱经沧桑，多部抄本在战火中被毁，最终保留下来且较为完好的只剩四部。

　　张元济一向心系古籍，为了影印这部巨著，保存国之文化精髓，几经周折。最后，因出于经济的考虑和惧怕再一次希望落空的情况下只好降格以求，放弃它向来重视的善本影印，改为珍本。于是，此影印计划的实施一时间遭来一些文化界名人的诟病，鲁迅甚至将其归为"官商"一类。不管怎样，"商务"矢志不渝地传承文化的信念毋庸置疑的，其文化责任感值得每一个当代出版人学习。

---

❶杨雪梅.每个时代都需要"辞源人"[N].人民日报，2015-12-25（5）.

（四）西学汉译名著图书

"汉译世界学术名著丛书"（以下简称"汉译名著"）自 1982 年第一辑的问世起,逐步发展至如今第 15 辑的陆续出版,已走过 30 余载的历程。其中,已出版的哲学类 226 种,历史、地理类 126 种,经济学类 127 种,语言学类 13 种,政治、法律、社会学类 158 种,共 650 种。不过,论及"商务"对开启民智,译介西学的情结与传统,则可以追溯到一个世纪以前,虽时移世易,但初衷不改。"汉译名著"是一项贯通中西、跨越世纪的伟大的思想工程,它有着"迄今为止人类已经达到的精神世界"的美誉。

"汉译名著"对每一类、每一辑、每一种的译文质量要求之严格是有目共睹的,都以"译经"般的虔诚对待每一个字;选题视角更是独到,实用同时辅之理论传播。从张元济时期就开始的引荐西学新知的出版使命奇迹般地一直延续下来,王云五、陈翰伯再到陈原等"商务"以后时期的领导人,都在译介西学、育教国人的道路上做出了不可磨灭的贡献,为"汉译名著"的出版周期、译稿质量、稿件储备打下了坚实的基础。

与商务自身而言,"汉译名著"如今已俨然成为和《辞源》《新华字典》等出版物并肩的"商务标志",是体现商务品牌价值的代表作之一,是"商务"可以继续扩展产品价值链和品牌影响的出版文化遗产。于国家和社会个人层面而言,"汉译名著"深深地影响了中国学术界的发展。将世界文化中的精品和经典作品系统地传播给国人,架起了中国和世界文明沟通的桥梁,增强了彼此的交流,有利于优秀文化之间的互相借鉴,共同繁荣。笔者相信"商务"的"汉译名著丛书"的出版将会一直延续,为国人引进更多、更好的"文化财富"。

（五）期刊——《东方杂志》

《东方杂志》是商务印书馆出版发行时间最长、影响最深、最具标志性的一本综合性杂志。从 1904 年创刊至 1948 年终刊,其前后 44 年的历史,从政治、经济、文化等多个层面客观、详尽地记录了 20 世纪上半叶中外社会的发展,积极参与中西文化交流并见证了近代中国社会的思想变迁,培育了大批具有现代意识的知识人才。《东方杂志》有着"近现代史的资料库""杂志界的重镇"等称号。

近年来，一些学者针对《东方杂志》已进行过思想、教育、文学、经济、传播等角度的研究，并在某些方面取得了一定的学术成果。但对于这样一本贯穿于跌宕起伏的20世纪上半叶中国社会的期刊，值得我们从出版的角度来思考它是如何能够成为"商务"史上最重要的期刊并成为近代中国社会发展变革的一个见证和缩影，从而对中国当代主流期刊的出版提供些许可供参考的经验。

笔者认为《东方杂志》给我们留下的最重要的出版经验就是理性、公允地面对客观环境变化，在改进中完善自我。《东方杂志》曾多次面临社会变革的挑战，为此，"商务"不得不随时对其进行刊物宗旨、思想取向、栏目风格乃至人员任用等方面的调整以应对市场的考验，维护自身作为"舆论的顾问者"形象。时下的数字化大潮中变化更是呈现出多样性，出版者若缺少先进的出版思维，不懂市场、不懂创新，势必将失去市场的主动权。或许，这也是我们当今许多出版企业正缺少的一种思维。

2012年，商务印书馆推出了民国期刊总辑全文检索数据库的第一个分库——《东方杂志》数据库，1亿多字全部文本化，实现了全文检索，为相关人士能够更方便、高效地阅览《东方杂志》或是研究民国史提供了第一手的资料。这一举动也为商务今后在数字出版领域的发展做出了有效示范。

三、"商务品格"

一个民营出版企业在动乱年代几经沉浮并历经百年过后仍能屹立不倒，自然具备已内化于出版企业之中的精神品质，以一种坚韧却又看似无意识的文化性格支撑着整个集体的架构。商务印书馆早在中华人民共和国成立前在以张元济、王云五为代表的多位领导者的引领下，已成为一家兼具"昌明教育，开启民智"的出版宗旨和"在商言商"的经营方针于一体的近代中国规模最大、历史最悠久、影响最深远的民营出版机构。新的历史条件下，"商务"又进一步提出"服务教育，引领学术，担当文化，激动潮流"的发展理念，提升了品牌的内涵，但不变的始终是那份对文化的坚守。在市场化竞争愈加激烈的今天，许多出版企业都过分看重图书所能带来的经济利益，忽视了出版业的本质和终极目标，那就是文化。一个出版企业到底能否长盛不衰的关键不在于短期的商业利润，而是这个企业的企业文化究竟具有怎样的生命力，塑造怎样的品格。

综观"商务"史，"商务品格"可基本归纳为一种以担当文化为己任，以引领潮流为目标的兼顾企业生存发展之基本盈利保障的精神理念。旧时代的"商务"曾一度因所奉行的"在商言商"的经营方针而被时人诟病，指责其趋附的企业本质，将其归为"官商"的阵营。为在各种政治和商业旋涡中求得生存与发展，"商务"不得不周旋于各时期的政府——清政府、北洋政府和国民政府。"在商言商"的经营方针决定了"商务"与政府关系的总格局。"在商言商"，是充满智慧的双关语，既是"商务"几十年形成的经营方针，也是"商务"长期凝聚并得到上下左右共识的企业文化。

20个世纪二三十年代"商务"所影印出版的《四部丛刊》《百衲本二十四史》《四库全书珍本初集》等多部较为知名的古籍丛书，其出版过程无一不饱尝艰辛，无论是搜集、整理还是编撰、出版。倘若缺乏坚定的文化理想，那么这些古籍是不会如此完好地保存下来并惠及后世的。《辞源》的出版经历同样如此，初版前后历时八年孜孜不倦的打磨，而后又随着时间推移不断适时更新，精益求精。每一代"商务人"都在"辞源精神"的砥砺下、在"商务品格"的熏陶下执着前行。还有20世纪50年代的首版《新华字典》、有着"文化苦旅"历程的《现代汉语词典》等一大批现当代的出版物都是在"商务"一以贯之的"商务品格"指引下诞生和发展。

中华人民共和国成立后因"公私合营"，"商务"逐渐远离了教科书的出版领域。但19世纪90年代末21世纪初的教学改革政策的出台迅速影响了当时的教育图书市场，一时间教辅图书的出版成为最热门的领域，也成为众多出版单位的"必争之地"，但图书质量等多方面指标差距甚大。这时的"商务"也凭借依旧不改的"文化本色"涉足了教辅图书出版。可时代已变，需求亦变。"商务"出版的高品质图书已无法适应教辅图书市场的"价格战",市场反响并不理想。面临着经济利益和企业文化之间的权衡,"商务"毅然放弃了在时人眼里看似"一大块肥肉"的教辅书市场,只为了传承好老一辈"商务人"的文化信仰,守护好"商务"这个"百年老店"的品牌。放弃了教辅书市场,"商务"仍不忘"服务教育"的文化使命,凭借开放创新的视野开拓了中小学素质教育丛书和学术教育图书等以增长知识为目的的教育图书领域,同样取得了良好的市场反馈并增进了商务品牌的辨识度,使商务品牌与时代同步,彰显新时代的气息,为"激动潮流"而努力。

第三节 "百年老店"在数字化、网络化时代面临的新挑战与应对

新媒体技术所带来的诸多挑战摆在"百年老店"商务印书馆的面前。"商务"老店在内容、作者、发行渠道等资源方面具有显著优势,需要顺应时代发展的趋势,在把好内容品质和学术特点的前提下,积极拓宽出版产业链条,开展多媒介出版布局,让"百年老店"的风采在新时代下继续焕发,这也就体现了商务印书馆的百年文化遗产在新时代的保护与传承中的担当与使命。

继承与创新之间从来都不是割裂开来的。没有继承,就没有创新的意义;没有创新,便失去了继承的理由。"百年商务"提出了"服务教育,引领学术;担当文化,激动潮流"的理念,有志于创造出更具辉煌的"文化新篇章"。

近些年的"商务"在数字化时代的发展潮流中所应对的措施是卓见成效的。"全媒体出版"概念在"百年老店"开始活跃起来。顺应当前消费者的多样化阅读习惯,借助科技手段和工具,以优质的内容为核心和出发点,改变以往单一的纸介质出版形式,延伸为电子版或者以 App 形式上线的流通模式,扩大出版链条,以此取得更好的社会效益和经济效益,这成了近几年"商务"一直努力的方向。2013 年可谓"商务"的"全媒体出版"理念的正式

开局之年。早在2012年同亚马逊方面全面签署了图书上线的协议后，所有出版的纸介质图书都将通过亚马逊 Kindle 版上线，同时出版电子书。这是"商务"在数字出版道路上迈出的重要一步。"商务"在数字化产品的推广上做得也很细致，进入官网就可看到分为电子书、数据库、App 三个类别的"数字"选项，逐个点击进去还可以搜索到每个方向下的详细介绍，部分内容以免费的方式供读者阅览；付费部分也以良好的体验模式为用户带来许多便利。

一直以出版工具书见长的"商务"在2012年出版发行《现代汉语词典》（第六版），这部于中华人民共和国成立后为了推广现代汉语普通话和现代汉语规范的图书的再一次修订，又一次成为轰动全国的文化事件。有着"中国现代辞书之母"称誉的《辞源》一书第三版的出版历时8年，同时实现了"纸电同步"的目标，包括网络版和优盘版。这不仅仅是从400万字至1200万字的超越，更是一种文化、一种精神的百年传承。在出版整整一百年之际，这个"大部头"的再一次亮相完美地彰显了历久弥新的"商务"精神。❶

1905年，商务印书馆出版了严复翻译的《天演论》。如果从那时算起，"汉译名著"已经走过百年。目前，"汉译名著"已推出15辑共650种。"汉译名著丛书"一直以"商务"主打的学术著作出版品牌之一的身份存在。该套丛书中已有近200本实现了"纸电同步"的目标，开启"商务"全媒体出版的先河。但也鉴于以"汉译名著丛书"为代表的学术层次高端的图书在大众眼中带有晦涩难懂的"色彩"，不利于普通非专业读者对知识的接纳，因而在综合分析时代发展潮流和大众多元化、个性化的阅读需求以及推动高端学术知识普及的因素下，"商务"不仅将丛书中的每一个作品进行了延展，增加了名人传记等其他相关作品，拓宽了读者的阅读视野，还采用"高端学术普及化"的方式出版了一些有内容、有价值的图书。比如，目前"商务"热推的"自然博物类"图书，分为5个系列，以新的视角引领读者对博物学的重

---

❶ 于殿利.为百年品牌创造新价值——写在《辞源》第三版出版之际[N].中国社会科学报，2016-2-2(5).

新关注并直接引发了全社会对此类题材的阅读风潮。这些图书尽管有着与以往的经典学术著作语言层次和内容逻辑上的不同,但究其根本,它们都是"商务"在秉持"引领学术"的出版传统和发扬"激动潮流"的出版理想的前提下对当代自身品牌价值的守护和挖掘。❶

　　走过120年的商务印书馆,在一代代有理想、有志气的出版家们的引领下,为中国乃至世界优秀思想学术文化遗产的保护与传承做出了令人瞩目的贡献。从出版文化遗产角度总结分析"商务"现象,思考"商务"的物质与非物质出版文化遗产在新时期的保护与传承,对于继承和弘扬中国出版业文化传统精粹意义深远。

---

❶金霞.让文化把商务带到新高度——专访商务印书馆总经理于殿利[N].中国图书商报,2012-12-21(S03).

第十三章　出版印刷文化遗产保护工作的
对外交流与合作

　　中国出版业源远流长,尤其是中国古代出版业发展的历史过程中,造纸术和印刷术两大发明对世界文明大发展贡献更是极大,加上不断积累形成的独特的版本文化散发出的魅力,使得中国古代的雕版、活字印刷出版物成为中华民族的瑰宝,更是被世界各个国家视为奇珍异宝。为了让世界更了解中华民族的瑰宝,与世界各国加强交流,让中国出版文化走向世界,也是中国出版业文化遗产国际化保护与利用的重要途径。

　　中国印刷博物馆作为弘扬中华印刷出版文化的殿堂,经过多年的努力,不仅成为向世界展示、传播中国出版印刷文化的一个重要的窗口,而且成为与世界进行印刷出版文化交流的重要平台。在与世界交流中,也做了一些努力,并取得了一定的成绩。该馆在加强国际交流中采用了三种方式,首先是在世界多个国家进行巡回展览,其次是在部分国家进行馆际交流,在当地举办长期展览;再次是举办国际印刷史研讨会。中国印刷博物馆的国际交流与合作实践体现了中国出版印刷文化领域走出去请进来的文化开放合作的发展态势。

第一节　文化交流的意义

　　世界的多样性是人类文明的基本特征,也是当今世界充满生机和活力的重要条件。但是社会制度、意识形态、发展模式等方面的差异,又可能成为人类文明对话的障碍。各国应如何和谐相处?众所周知,文化是一个民族的根基,深深熔铸在民族的生命力、创造力和凝聚力之中,影响着民族的发展道路和前进方向。因此,促进不同文化之间的交流,可以消除偏见和误解,有效增进理解和借鉴,从而促进世界的和平与发展。习近平总书记曾指出:"文化的影响力是超越时空、跨越国界的。文化因交流而丰富,因交融而多彩。人类社会的发展过程,就是各种文明不断交流、融合、创新的过程。人类历史上各种不同文明都以各自的独特方式为人类进步做出了重要贡献。正是不同文化的彼此交流,才使我们这个星球的生活日益精彩纷呈、充满生机活力,也才让不同国度的人们知道了中国的孔子、德国的歌德、英国的莎士比亚等。推动世界各国文化进一步交流,不但是各国人民的热切愿望,也是推动人类文明进步与世界和平发展的重要动力。"习近平总书记还指出:"文化的交流既需要理解和尊重,也需要超越偏见和误解。文明多样性是人类社会的客观现实,是当代世界的基本特征。意识形态、社会制度、发展模式的差异,不应成为人类文明交流的障碍,更不能成为相互对抗的理由。我们应该积极维护文明多样性,推动不同文明对话交流,相互借鉴而不是相互排斥,让世界更加丰富多彩。我们在坚持民族优秀传统文化基础上,将一如既往地兼收并蓄,博采世界各种文明之长,借鉴各国有益文化,进一步丰富中国人民的精神世界。"❶

　　具体而言,文化交流的形式多种多样。改革开放以来,中国在文化艺术、科学技术、政治经济、民族宗教、教育管理、新闻出版、学术研究等领域的跨文化交流蓬勃展开。其中博物馆交流是不可或缺的一种重要方式。博物馆是对人类及其环境的见证物进行搜集、保管、研究、展览的机构,是

---

❶习近平.加强文化交流　促进世界和平[N].人民日报,2009-10-14.

传统文化汇聚之地,是人类文化的记忆方式之一。一个国家的文化,可以从其博物馆中得到直观、快捷的反映,向世界介绍自中华文化传统,即从文化根源的角度来实现文化交流的目的。

第二节　以巡回展览传播中国印刷出版文化

一、"中华印刷之光"巡回展览

"中华印刷之光"展览是中国印刷博物馆打造的巡回展览名片之一,不仅在国内巡回展览,也在国外进行巡回展览。"中华印刷之光"主旨是向国外的观众展示印刷术的发明不是偶然的,是在文字发展逐渐规范、雕刻技术逐渐成熟、纸张使用逐渐普遍、社会对书籍的需求量增加的情况下才得以发明印刷术,以及自印刷术发明以来的大量应用,为人类留下了极其丰富的、宝贵的出版文献遗产。尤其印刷术通过"丝绸之路"传播到世界各地,为人类文明和社会进步做出了伟大的贡献。此展览无论走到哪里都会受到当地观众的热捧,在当地刮起强劲的中国风。目前,此巡回展览已经走过了香港、美国、澳大利亚等地区和国家。

1998 年 8 月,中国印刷博物馆应香港印刷业商会、香港印艺学会及香港印刷业工会邀请,联合主办了"中华印刷之光"展览,也首次拉开了"中华印刷之光"展览的序幕。此展览分源头和古代印刷两大部分,以图片、实物和文字说明,向人们展现印刷术从起源、发明到发展的过程,同时展出了中国的纸币印刷和邮票印刷,即让香港市民了解中国发明印刷术的经过和印刷技术历史的演变过程,又可以欣赏到中国历代印刷成品的真迹,如古书、古画、钞票、佛经、榜文等。还可以亲眼见到套色印刷的工艺演示过程,同时,每位参观者还获得了一本中华印刷之光展览特刊及一套两封的纪念首日封。特刊内除介绍各项展品外,更简要介绍了印刷术的起源及其发展过程,可谓是一本轻巧的印刷史专业书;而首日封上除贴有中国邮票,亦盖上中华印刷之光的盖印,相当有纪念价值。通过这次展览,加深了香港地区市民对中华数千年文化的认识。

2006年10月,中国印刷博物馆应美国纽约亚洲文化中心的邀请,并与其联合举办了"中华印刷之光"展览,这是中国首次在美国举办印刷史专题展览,是中国古代和现代印刷史的一次浓缩展示,突出展现了中国的雕版印刷、活字印刷和汉字激光照排技术等重大成就。此次展览通过馆藏111件真品,包括笔、墨、纸、砚、历代有代表性的印刷品、印版、活字和工具等,以及文字图片宣传介绍中国印刷术的起源、发明和发展,使美国人民,特别是青少年进一步认识、了解中国印刷文化,增进中美文化交流与合作。

2008年中国印刷博物馆应澳大利亚墨尔本市澳华博物馆的邀请,由中国印刷博物馆主办,澳大利亚新金山传媒服务有限公司和(中国)深圳劲嘉彩印集团股份有限公司协办的"中华印刷之光"展览于10月30日到11月6日在该市举行。据介绍,这是中国首次在澳大利亚举办的印刷史专题展览。

在精心布置的展馆里,中国印刷博物馆日常所展示的大量内容被浓缩。参观者可以通过102件珍贵的展品,形象而直观地看到中国古代印刷术发明前后的载体形式——笔、墨、竹简、纸等历代有代表性的印刷品,还有印刷版、活字、工具等。墨尔本市副市长凯瑞·辛格专程到场祝贺展览举办。中国驻墨尔本副总领事汪银儿女士在发言中说,印刷技术是人类文明之母。展览的举办是一次非常好的亲近中华文化"大餐"的机会。中华文化博大精深,对文明历史进程的推动功不可没。她说,墨尔本市的华人和该市人民是幸运的——他们能够通过展览来深刻地、真正地了解中华文化,进而推动中澳人民之间的交流。通过展览使澳大利亚人民,特别是青少年进一步认识、了解中国印刷文化,增进中澳文化交流与合作。

二、"中国古代出版印刷文化展"巡回展览

"中国古代出版印刷文化展"是中国印刷博物馆随国家新闻出版广电

总局国际书展上打造的另外一个巡回展览品牌。此展览通过图片、文字说明、实物等形式将中国古代的四大发明的两大发明造纸术和印刷术展示给国外广大观众，也会将因这两项发明而留存下来的大部头书籍展示出来，以便于观众直观、真切地感受中国悠久灿烂的古代文明以及出版印刷文化。此展览已走过了莫斯科、德国、英国、美国等近10个国家。中国出版印刷界先后参加的国际交流活动场次详见表13-1。

表13-1　中国出版印刷界参加的国际交流活动一览表

时间	国家和城市	活动内容	备注
2007年9月	俄罗斯莫斯科	第20届莫斯科国际图书展销会	中国为主宾国
2009年10月	德国法兰克福	第61届法兰克福国际书展	中国为主宾国
2010年4月	希腊萨洛尼卡	第7届萨洛尼卡国际书展	中国为主宾国
2012年4月	英国伦敦	第42届伦敦国际书展	中国为主宾国
2013年11月	土耳其伊斯坦布尔	第32届伊斯坦布尔国际书展	中国为主宾国
2014年9月	斯里兰卡科伦坡	第1届斯里兰卡科伦坡国际书展	中国为主宾国
2014年10月	塞尔维亚尔格莱德	第59届贝尔格莱德国际书展	中国为主宾国
2015年5月	美国纽约	第68届美国书展	中国为主宾国
2016年1月	印度新德里	第44届新德里世界书展	中国为主宾国

2007年9月"中国古代出版印刷文化展"在"莫斯科国际图书展销会"展出。"莫斯科国际图书展销会"是俄罗斯最具代表性、规模最大的图书盛会，1977年由苏联国家出版、印刷与图书发行委员会,全苏版权局,苏联国际图

书公司创办。1997 年以前,书展每两年举办一次,此后至今,改为每年一届。1989 年,为突出书展的商业特性,书展更名为"莫斯科国际图书交易会"。2005 年首次设立主宾国,2007 年的这一届是第 20 届,中国是主宾国。

2009 年 10 月"中国古代出版印刷文化展"在"第 61 届法兰克福国际书展"展出。法兰克福国际书展具有"世界出版界的奥运会"之称,这是中国首次以主宾国身份亮相具有 600 多年历史的法兰克福书展,是中华人民共和国成立以来中国出版业在境外举办的规模最大、影响最大的文化交流活动,也是继北京奥运会之后中国举办的最重要的对外文化展示活动。

2010 年 4 月 22 日至 25 日,"第七届萨洛尼卡国际书展"中国主宾国活动在具有浓郁拜占庭风格的希腊第二大城市萨洛尼卡成功举行。由中国活字、书林、孔子像、雕版印刷等典型"中国元素"打造的主宾国展台面积 690 平方米,创历届萨洛尼卡主宾国之最,赢得了当地民众的高度瞩目和青睐,成为本届书展名副其实的最大亮点。由中国印刷博物呈现的出版文化精粹展,以时间为序,分为早期的文字载体、造纸术的发明与发展、印刷术的发明与发展、当代出版等四个单元,用少而精的展品来展示中国出版历史文化以及中华文明的发展全景和丰富内涵,旨在增进两个伟大文明古国之间的了解和学习,促进中希两国出版文化交流。展览向希腊人民展示蔓延数千年、从未中断的中华文明。观众不仅可以了解到中国在古代创造的辉煌的文明成就,看到千百年传承下来的浩博经典,还能欣赏到当代中国出版业的精品力作和文化的发展成果。

2012 年 4 月 16 日到 18 日在伦敦伯爵宫展览中心拉开了"第 42 届伦敦国际书展"的帷幕。伦敦书展将目光投向中国市场,中国成为书展的"市场焦点"主宾国。伦敦国际书展由英国工业与贸易博览会创办于 1971 年,1985 年由励德展览公司承办,该书展为版权贸易型书展,每年 4 月在伦敦西区 EarlsCourt 展馆举行,历时 3 天。作为全球书业最重要的春季盛会,书展组委会都为参展商和书商提供内容丰富、形式多样的研讨会和专题讲座。整个书展专业气氛浓厚,版权交易活跃,是全球出版业最具影响力的交易平台。

2013年"第32届伊斯坦布尔国际书展"在土耳其伊斯坦布尔的Tuyap展览中心举办，中国以主宾国身份参加本届书展。中国主宾国的主题语为"新丝路，新篇章"，意在通过中土两国图书出版构建的新丝路，共同谱写两国出版交流与合作的新篇章。此次主宾国展台面积为1008平方米，分为三个功能区：出版展区展示中国精品图书、最新的数字出版产品和移动阅读设备及中国动漫与游戏产业；专题展区以主题展览展示的形式，展现中国出版、文化的亮点与风貌；主宾国活动区用于举办丰富多彩的交流活动。

2014年10月"第59届贝尔格莱德国际书展"成功举办，中国作为主宾国参加此次书展。我们对书籍的价值抱有同样的认识。虽然我们拥有了新的、更实用的知识传播工具，然而我们依然对传统印刷书籍的前景充满了坚定信念。中国作家刘震云在致辞中表示，文学有其特殊的力量，是世界各民族之间相互增进了解的桥梁，人们通过文学能了解其他民族生活的方方面面，能够最大程度减少对世界认知的不一致，有利于有效防止冲突和战争，从而促进全球的和平与发展。作为本届书展的主宾国，中国将主题语定为"书香增友谊，合作创未来"，共展览展示71家出版社带来的5000多种优秀图书，涵盖政治、经济、社会、文化等领域。贝尔格莱德国际书展创办于1956年，由贝尔格莱德市政府主办，贝尔格莱德展览公司、塞尔维亚文化与信息部等协办，每年举办一届，是巴尔干地区最大的国际书展，现在已成为欧洲第三大书展。书展自2002年起设立主宾国，迄今已有挪威、加拿大、法国等12个国家先后担任过主宾国。

2015年5月"第68届美国书展"在美国纽约举行，中国是书展的主宾国。书展开幕之际，中国图书"走出去"又迎来喜讯——美国最大零售连锁书店巴诺书店首次开设为期一个月的中国图书专区。对此，库恩认为，要了解中国，必须先了解中国共产党。此次中国开展大规模的对外图书交流活动，是一次里程碑的事件。美国书展（Book Expositionof American，BEA）是全美最大的年度书展，其前身是1947年创办的美国书商协会会议与贸易展销会，即ABA书展，1996年更名为美国书展，年交易额253亿美元，每年约于5月、6月间召开,地点不定,为期3天。美国书展是美国图书界最为盛大的一项活动,同时是全球最重要的版权贸易盛会之一。

2016年1月,"第44届新德里世界书展"在印度新德里举办,新德里世界书展创办于1972年,目前已经成为印度规模最大的书展,也是南亚地区的重要书展,2015年的观众人数逾100万人次。本届书展有来自30个国家的1000多家展商参展。首次作为主宾国的中国,将独具魅力的中国传统文化与当代中国的新发展、当代中国人的新生活,以图书的形式呈现给印度各界。在书展期间,中国代表团丰富的参展图书和多彩的文化交流活动引起热烈反响,很好地诠释了"文明复兴、交流互鉴"这一主题。有的印度观众流连于"中国古代出版印刷展",亲自上色、刷版,印下一个大红的"福"字,此展览深受当地观众喜爱,从而拉近了中印两国人民的距离,加深了印度民众对中国的了解,增进了彼此的友谊。

三、以馆际互换展览搭建印刷出版文化交流平台

中国古代发明了雕版印刷术和活字印刷术,并沿着丝绸之路传到欧洲等国家,德国古登堡在吸纳中国活字印刷技术的基础上,发明了铅活字印刷术。为了纪念古登堡的发明,在德国的美因茨市建立了古登堡博物馆。2000年4月15日是古登堡博物馆建馆100周年,古登堡诞辰600周年,中国印刷博物馆受邀在该馆设置了100平方米的"中国古代印刷史"展区,长期展出中国古代博大精深的印刷文化史,使中华民族悠久、灿烂的印刷文化落户德国,为德国人民了解中华印刷文化搭建了平台。通过这种馆际交流的展出方式,促进了中华印刷文化走向世界,扩大了中华印刷文化在国际上的吸引力和影响力,增进了各国人民之间的友谊,发展了同世界各国人民的友好合作关系。

第三节　意大利和梵蒂冈的
图书文献遗产保护经验

　　本书通过国际交流渠道特别对意大利和梵蒂冈的文献遗产保护工作进行了实地调研,其中很多宝贵经验是值得我们学习借鉴的。在此特别感谢梵蒂冈图书馆东方文献部的余东主任为调研活动提供的帮助及相关资料。

一、意大利的文献遗产保护经验

　　意大利是欧洲文化的摇篮,具有悠久灿烂的文明和丰富的文化遗产,是拥有联合国教科文组织世界遗产最多的国家,共48个。意大利的古籍图书资源也非常丰富,拥有大量珍贵的摇篮本。文艺复兴时期,作为欧洲文艺复兴的中心,整个社会对于书籍和建筑极力推崇和重视,欧亚非三大洲的珍贵文献都被大量收集,然后出售给图书馆或被人文主义者个人收藏。

　　意大利的国家图书馆有两个,分别是佛罗伦萨国立中央图书馆和罗马国立中央图书馆。由于意大利统一时间不长,其国家图书馆的历史比较短,但它们的收藏非常丰富。佛罗伦萨中央图书馆的历史可上溯自18世纪早期,收藏有3700种摇篮本,215万册写本,100万卷手稿。罗马国立中央图书馆建立于1876年,承接了耶稣会的罗马学院(CollegioRomano)12万卷藏书并在此基础上发展,至今已有8000件写本,约2000部摇篮本,25000部16世纪出版的古书,20000种地图。此外,意大利另有6个国立图书馆,分别设在那波里、米兰、威尼斯、都灵、巴勒莫和巴里。

　　意大利在文化遗产保护包括古籍修复和保护方面传统悠久,经验丰富,其保护工作得到政府的高度重视,政府把保护、开发和利用文化遗产定为长期国策,并作为培育和管理现代文化市场的指导性纲领。同时,意大利政府还认为,遗产保护自身是一个发现、展示、教育和利用文化价值的过程,应与其他文化事业的发展同步,因而将文化遗产保护同现代艺术和建筑、博物馆、电影、体育、旅游等事业放在一起进行管理。

在法律规定层面：意大利的文物保护与其历史悠久密切相关，早在意大利统一之前就已经存在不少有关保护文物的规定。意大利受教宗统治时，1462 年当时的教宗作出决定，不能随便破坏古建筑遗址，否则将被判处监禁或驱逐出教会；1624 年制定规定，禁止随便买卖艺术作品；1773 年委托专人对教堂里的艺术品登记造册；1821 年正式确定文化遗产是本地文化历史不可分割的组成部分。意大利统一后陆续出台了一系列有关文物保护的条例，将文物保护作为重要国策写入宪法，其第九条明确规定，意大利共和国对国家的艺术、历史遗产和景点进行保护。1939 年，意大利通过"文物保护条例"，明确规定对考古、历史和人类研究有价值的艺术品，未经有关部门批准禁止任何形式的拆除、修改或修复，同年正式通过法律，并成立全国文物保护中心。1972 年颁布"修复宪章"，1978 年修订并沿用至今。为加强执法上的力度，政府制定了"保护文化和自然景观遗产法典"，规定将视情节轻重对于破坏遗产的行为给予数百至数万欧元不等的罚金以及 6 个月至 1 年的监禁。

在体制安排上，在国家层面上，意大利政府于 1975 年设立文化和环境遗产部（Ministeroperi Beni Culturalie Ambientali），作为专职部门负责对文化和环境遗产进行管理，进行部级和国家级别的系统保护。它具备以下宗旨：提高全民族特别是青年一代的文化素质，努力繁衍传统文化的内在生命力；积极参与国际文化竞争，对外树立意大利国家形象，预防其他国家的文化霸权；充分发挥传统文化的优势地位，借以促进国家现代经济的全面发展。此后文化和环境遗产部几经重组、重建，于 2013 年增加了旅游政策方面的职权，更名为文化遗产文化活动和旅游部（Ministero dei benie delle attività culturalie del turismo）。意大利实行中央政府垂直管理的文物行政体系，文化遗产文化活动和旅游部是唯一全面负责文化事务的国家机构，下设地方文物管理机构（Soprintendenze）执行文物保护政策。与文化遗产有关的各个范畴由不同的地方文物管理机构专责处理，如文物建筑监管局（Soprintendenza Architettonica），考古监管局（Soprintendenza Archeologica）

等。文化遗产文化活动和旅游部直接管理全国各地的重要遗址,考古区,文物建筑,文物和博物馆藏品等,而地方文化遗产监管局则负责审核,批准各地方历史建筑和文物遗址的利用与建设中遇到的各种问题。意大利政府对文化遗产保护工作的高度重视和积极态度促使整个社会的关注,营造了全社会共同保护文化遗产的良好氛围。政府利用文化遗产开展各种教育和活动,促使公众广泛参与文化遗产保护事业。

在经费保障上,政府、彩票、企业是文物保护和修复资金的来源。多年来意大利政府采取由公共部门负责保护古迹,企业或私人经营,管理和利用这些古迹的模式,真正实现了遗产保护和利用并举。在此模式下,政府承担文化遗产保护所需的大量经费,每年的财政预算中用于文物保护的开支约20亿欧元。自1996年以来,国家通过法律规定,将彩票收入的8‰作为文物保护资金,相当于每年约15亿欧元。另外在税收方面制定有利于文化事业的政策吸引私人投资,如2000年颁布的“资助文化产业优惠法”,规定企业不为其投入文化资源产业的资金纳税。2014年,新的“文化遗产保护和旅游促进法案”生效,新法案规定,致力于意大利文化遗产保护的私人捐助者将在税收上最高可减免65%的政策优惠。

在职业认证制度层面,意大利有成熟的人才培养和修复师认证制度。意大利的文化保护和修复专业世界排名第一。国内共有5所综合性大学设有文物学院。意大利文物保护中心是培养各种文物保护人才的基地。2006年开始意大利进行了修复教育的体制改革。体制改革后修复教育分3年期本科课程教育及其后两年期专业教育。在为期2年的专业教育中,学员要接受理论于实践课程培训,校内实验室实习以及在欧盟国家和相关国家的专业修复实验室研修,课程内容涵盖书籍和文献材料化学,化学和生物病害机理,历史,艺术,手工制作,材料分析,保护处理,修复方法,装帧技术,保护和修复方案制定,法规条例和规范等。据文化遗产、文化活动和旅游部统计,截至2005年,全国共有99个专业纸张修复实验室,分布在国内39个公立机构和60个私立机构。目前,意大利约有从事书籍和档案等文献修复的专业修复师和修复技工各200人。

古籍保护的科学技术研究,目前意大利纸张保护和修复领域包括公立研究机构和私人实验室两部分。这些研究机构和实验室的主要研究方向有书籍材料的历史和技术,预测和减缓书籍材料降解机理及测试,环境的预防措施,非入侵性修复技术,有关书籍保护和修复知识的开发与传播。纸张酸化是世界各图书馆面临的重大难题,意大利在纸张脱酸方面已总结出一套完整的质高价廉的技术操作规程。意大利现代纸张保护和修复始于1938年意大利部属书籍病理研究所(Istituto centraleperla patologiadel libro,ICPL)的成立。2007年,书籍病理研究所与影印装订中心和成立于1963年的国立档案修复研究院(CFLR)合并,成立档案书籍文物修复与保存中央研究所(ICPAL),隶属文化遗产部管辖,有7个专业实验室,其主要业务是保护专业技术的研究,以及国内公共机构的档案和书籍资料的收藏与保护。

文献数字化方面,数字化有助于永久保存图书内容。意大利对藏书数字化比较重视,目前大部分馆藏书目都已经数字化,提供公众网上检索,2010年谷歌公司与意大利文化遗产部达成协议,谷歌将扫描罗马和佛罗伦萨两个国家图书馆馆藏中的100万册古籍。其他不少图书馆也在实施各自的馆藏数字化项目。

二、梵蒂冈图书馆的文献遗产保护经验

梵蒂冈城国(VaticanCityState)是世界上最小的国家。它于1984年经联合国审定被列入"世界人类文化遗产"名录。虽然教会自有史以来即对为其使命服务的文化遗产自始至终地重视,但仅在1988年成立专门机构——教会文化遗产宗座委员会(Pontifical Commissionforthe Cultural Heritageof the Church),其使命是致力于对涉及教会文化遗产各部门间的协调,识别其需求,同具体的操作机构建立联系。

教会文化遗产宗座委员会于1999年12月发布关于对教会文化遗产进行登记和编目的必要性和紧迫性的通函,开展对全球教会团体机构拥有的

文化遗产进行登记和编目,以便认识、保护和评估教会巨大的历史、艺术遗产。这些遗产包括建筑,绘画,雕塑,以及家具,陈设,法衣,乐器,档案文献,图书等。登记编目工作分三个阶段:①探索阶段,对文化遗产进行鉴别,编制总清单;②分析阶段,对单件文化遗产进行描述,编制详细的卡片;③综合阶段,对卡片排序,编制目录。趁此机会,梵蒂冈图书馆对其全部收藏进行了一次全面细致的普查登记。

　　梵蒂冈图书馆是西方世界最著名的图书馆之一。在现代意义上向学者开放的梵蒂冈图书馆成立之前,历代教宗都有私人藏书室服务于教宗本人和宗座各办公机构,其藏书可追述到公元四世纪,至14世纪在阿维尼翁教宗时期其藏书量曾达2000多册。这些藏书后因教会分裂而大多散失。今天的梵蒂冈图书馆位于梵蒂冈城,又称"梵蒂冈宗座图书馆"。图书馆由人文主义者教宗尼古拉五世(Nicholas V,1447—1455年在位)在教宗宅邸中设立,在原有350册图书的基础上增加馆藏,大量抄书购书,至1455年尼古拉五世去世时,藏书已增至1500册,成为当时欧洲规模最大的图书馆。图书馆在文艺复兴的高潮时期发展迅速,1481年图书馆员普拉提纳(Bartolomeo Platina,原名Bartolomeo Sacchi,1421—1481年)的手写目录里著录有3500条目。当时藏书内容不受宗教观点限制。16世纪末,教宗西克图斯五世(Sixtus V,1585—1590年在位)将该馆迁至专建的新馆西斯廷大堂(SistineHall)。现在的馆址从教皇利奥十三世(Leo XIII,1878—1903年在位)时期沿用至今,其占地还包括相邻的其他建筑,为了保存过去560年间增加的藏书和捐赠文献,梵蒂冈图书馆不得不向这些相邻建筑扩伸。

　　作为世界著名的人文科学研究图书馆,梵蒂冈图书馆馆藏除神学类图书外,还包括艺术、建筑、语言、文学、历史、地理、哲学、数学、科学等各门类的非宗教图书,其中有亚里士多德、但丁、弗吉尔著作的大量写本和早期印本,米开朗基罗作品的草图及信件,意大利诗人彼特拉克的自传作品,波提切利为但丁神曲所绘的插图等。几个世纪以来,图书馆馆藏日益增加,目前包括18万卷写本和档案文献、160万种印刷书籍,8600多部古版书,30万枚古币和纪念章,15万件版画、绘图和版片,以及逾15万张照片,保存着从基督纪元最初数世纪至今的人类历史和思想、艺术和文学、数学与科学、法律与医学领域的大量文献资料，涵括从远东到哥伦布时代前的美洲西部等地区的多种语言和文化，以及具有极高价值的人文背景数据。

梵蒂冈图书馆自创立之始就需对其丰富的藏书进行保存和保护。1475年，教宗西克图斯四世（Sixtus IV，1471—1484年在位）任命普拉提纳为图书馆员和管理员（gubernatoretcustos），其职责是保存和扩建馆藏。15世纪图书馆出现雇员（famulus）一职，其任务是保护书籍免受湿气、灰尘和昆虫等的损害。1555年，教宗保罗四世（Paulus IV，1555—1559年在位）正式设立了修复师这一职位，其责任是对图书遗产进行维护，"修复纸张，重上扣环，修补残片到书里"，并进行简单实用的装订。修复师每天要去"装订员日常工作室"上班。根据需要，除修复师外，修复工作同样也有编写员（scriptores）参加。当时进行的修复工作本身常常超出现代意义上的修复，除对损坏的原装订进行替换，对纸张进行修补等之外，还包括对褪色的字迹进行重写，假如纸张损坏严重难以修复，甚至会重新誊写整页纸的内容。除对于已损坏的进行修复之外，也很重视预防，例如西克图斯五世的秘书罗卡（Angelo-Rocca，1545—1620年）在其1591年所著述的对梵蒂冈图书馆的描述里，专门用一章介绍图书数据的保存，包括对有利于保护藏书的建筑特色的选择，对书本的定期除尘，以及面粉粘胶的配方，等等。

几个世纪以来，图书馆的很多历史人物都对图书保护作出了重要贡献，其中最杰出的当属埃尔勒（Franz Ehrle，1845—1934年、1895—1914年任馆长）。当时为了能够阅读深受墨水侵蚀的纸质写本和羊皮纸重写本（Palimpsests）上的文字，常常在上面施加化学试剂，埃尔勒就这种做法对纸张的损害和对羊皮纸的毁坏做了系统的研究，他很快得出结论，如果没有对导致文献恶化的原因以及对修复中所使用材料的效力的持续时间和可逆性的科学研究，修复工作就不可能演进。基于他的倡议与1898年在圣加仑修道院（abbaziadi San Gallo）召开的关于写本保存的国际会议，标志着西方图书修复新时代的开始。

1890年，教宗利奥十三世在梵蒂冈图书馆创建修复实验室，这是欧洲最古老的图书馆馆内书籍保护部门，其宗旨是保存、保护馆藏丰富的写本和印本书籍，使其免受物理，化学和生物性的破坏，以保障这些文化遗产传承给后人。实验室在写本和羊皮纸的修复方面积累了丰富的经验和优良的传统。

1927—1939年，美国国会图书馆和卡内基基金会以国际和平的名义帮助梵蒂冈图书馆更新目录系统。1984年，若望保罗二世（Iohannes Paulus PP.II，1978—2005年在位）将写本移入新建成的能进行空气调节并具防备炸弹和原子弹功能的地下书库，同时为所有馆藏采用新的保存技术。图书馆于2007年进行自建馆以来的首次闭馆整修，并于2010年9月重新开放。整修后的图书馆具备防弹书库，温湿控制的阅览室，防火防尘的地板和墙面，闭路监控系统，同时为70000多册印本图书安装上芯片，以方便掌握藏书位置并防窃。馆藏数字化工作也在开展，以实现对文献内容的长久保存和降低对文献原件的使用。

梵蒂冈在图书馆及图书保护方面人力、财力的投入通常能够维持日常的工作和运转，但近几年随着与外界合作的增强以及馆藏数字化项目的启动，在各方面需求不断增加的情况下，图书馆在世界范围内积极寻求来自政府、财团和私人的支持与合作，以众人之力保护和传承其收藏的全人类共同的文化遗产。

图书馆每年准许4000名至5000名学者入馆研究阅览，但不能外借，只有教宗可以把藏书带出图书馆。阅览室严禁携带食物、饮品以及铅笔之外的任何笔类。

近年来，梵蒂冈图书馆与全球IT解决方案提供商NTT数据集团（NTT-DATACorporation）开展手稿的数字化存档项目合作。整个项目由梵蒂冈图书馆在数年前发起，计划将图书馆内保存的所有手稿进行数字化存档。手稿总计约有82000份,共计4100万页。目前该项目正在进行中,初期将完成6000份手稿的数字化。

梵蒂冈图书馆在项目第一阶段需进行数字化存档的重要手稿包括:

16~18世纪的11张描绘日本舞蹈的水彩画。

42名Kuchinotzu(日本)基督教徒誓死保护其传教士的一份宣誓书。这份手稿注明的时间是1613年。

VaticanVirgil:约公元400年的罗马手稿,是经典文本仅存不多的古老插图之一。拉斐尔(Raphael)曾研究过该手稿,后由Fulvio Orsini于1579年买下,并在1600年进入梵蒂冈图书馆。

双语版《伊利亚特》(Iliad),含希腊文本和拉丁译文,采用双对开页。该手稿是由15世纪的希腊抄写员Giovanni Rhosos和来自意大利帕多瓦(Padua)的抄写员Bartolomeo Sanvito写就,由Gasparedi Padova进行插图配画(Vatgr.1626)。

哥伦比亚时代前的阿兹特克手稿,大概是15世纪末在今天的墨西哥普埃布拉州(Puebla)附近撰写。这份手稿是作为仪式用途,可能用于进行涉及神话主题、神话故事、日历和所崇拜的神明家谱的预测(Borg.mess.1:CodexBorgianus)。

新旧约全书(The Urbinate Bible),无可争议的文艺复兴时期书籍艺术杰作,是书商Vespasianoda Bisticci于1476—478年在佛罗伦萨作坊中受Federicoda Montefeltro公爵委托而制作。

15世纪时桑德罗·波提且利(Sandro Botticelli)为"伟大的洛伦佐"(Lorenzothe Magnificent)所作的《神曲》(The Divine Comedy)插图。

迈蒙尼德(Maimonides)的Mishneh Torah希伯来语手稿,配有精美插图,时间在1451—1475年间。

原属古文物收藏家和藏书家Tàmmaro De Marinis(1878年生于那不勒斯,1969年卒于佛罗伦萨)的73张Koran Kufic残片(包括一张珍贵的iāzī残片）。他在1946年将这些残片捐给梵蒂冈图书馆。

梵蒂冈图书馆近年来注重加强与世界多国包括中国的业界交流与合作，与中国的一些文化机构和高校建立了学术合作与交流机制，与中国的出版社合作开发出版梵蒂冈图书馆的珍稀馆藏资料，尤其是一些珍稀汉学文献的整理和出版已结出硕果，这无疑是对其自身珍稀馆藏文献遗产的积极保护与开发利用的成果。

后　记

　　本书围绕我国出版业文化遗产保护对策研究的中心任务,分13章,分别从基础理论与实践层面探讨了出版业文化遗产保护的基本概念、基本原理、发展现状、进展态势和未来方向。关于我国出版业文化遗产保护的相关领域方面的对策建议也分别在各专题中进行了思考和阐述。出版业文化遗产蕴含在古往今来"编、印、发"三种环节领域的物质文化遗产与非物质文化的珍贵遗存之中,需要在纵向梳理出版印刷史的基础上进行横向的管理层面和政策层面的综合研究。本课题尝试从文化遗产保护与出版史、出版学、博物馆学、图书文献学、信息资源管理学等学科角度进行综合思考与交叉研究,筚路蓝缕式的探索性研究难免有疏漏之憾,涵盖的研究视角较为宽泛与丰富,其中也难免有研究深度上的局限。本着发现问题、提出问题、解决问题的宗旨,本书研究努力为我国出版业文化遗产保护领域的理论与实践提供具有较高参考价值的学术成果。存在的欠缺只能寄望于将来弥补,希望伴随着我国出版业的发展、出版文化的积淀以及我国出版博物馆建设进程的加快,本书的理论与实践研究能够继续与时俱进地深入下去。